Heinrich HEINE
Hundert Gedichte

Verlag Neues Leben
Berlin

Ausgewählt und zusammengestellt von
Walter Lewerenz

Illustrationen von Klaus Ensikat

ISBN 3-355-00693-9

2. Auflage, 1988
Lizenz Nr. 303 (305/363/88)
LSV 7105
Schutzumschlag und Einband: Klaus Ensikat
Typografie: Achim Kollwitz
Schrift: 10p Garamond
Gesamtherstellung: Karl-Marx-Werk Pößneck V15/30
Bestell-Nr. 643 823 5
01480

Es wächst heran ein neues Geschlecht,
Ganz ohne Schminke und Sünden,
Mit freien Gedanken, mit freier Lust –
Dem werde ich alles verkünden.

Doktrin

Schlage die Trommel und fürchte dich nicht
Und küsse die Marketenderin!
Das ist die ganze Wissenschaft,
Das ist der Bücher tiefster Sinn.

Trommle die Leute aus dem Schlaf,
Trommle Reveille mit Jugendkraft,
Marschiere trommelnd immer voran,
Das ist die ganze Wissenschaft.

Das ist die Hegelsche Philosophie,
Das ist der Bücher tiefster Sinn!
Ich hab sie begriffen, weil ich gescheit
Und weil ich ein guter Tambour bin.

Prolog

Schwarze Röcke, seidne Strümpfe,
Weiße, höfliche Manschetten,
Sanfte Reden, Embrassieren –
Ach, wenn sie nur Herzen hätten!

Herzen in der Brust, und Liebe,
Warme Liebe in dem Herzen –
Ach, mich tötet ihr Gesinge
Von erlognen Liebesschmerzen.

Auf die Berge will ich steigen,
Wo die frommen Hütten stehen,
Wo die Brust sich frei erschließet
Und die freien Lüfte wehen.

Auf die Berge will ich steigen,
Wo die dunkeln Tannen ragen,
Bäche rauschen, Vögel singen,
Und die stolzen Wolken jagen.

Lebet wohl, ihr glatten Säle!
Glatte Herren, glatte Frauen!
Auf die Berge will ich steigen,
Lachend auf euch niederschauen.

Ich wollte, meine Lieder,
Das wären Blümelein:
Ich schickte sie zu riechen
Der Herzallerliebsten mein.

Ich wollte, meine Lieder,
Das wären Küsse fein:
Ich schickt sie heimlich alle
Nach Liebchens Wängelein.

Ich wollte, meine Lieder,
Das wären Erbsen klein:
Ich kocht eine Erbsensuppe,
Die sollte köstlich sein.

Es stehen unbeweglich
Die Sterne in der Höh
Viel tausend Jahr und schauen
Sich an mit Liebesweh.

Sie sprechen eine Sprache,
Die ist so reich, so schön;
Doch keiner der Philologen
Kann diese Sprache verstehn.

Ich aber hab sie gelernet,
Und ich vergesse sie nicht;
Mir diente als Grammatik
Der Herzallerliebsten Gesicht.

Die Welt ist dumm, die Welt ist blind,
Wird täglich abgeschmackter!
Sie spricht von dir, mein schönes Kind:
Du hast keinen guten Charakter.

Die Welt ist dumm, die Welt ist blind,
Und dich wird sie immer verkennen;
Sie weiß nicht, wie süß deine Küsse sind
Und wie sie beseligend brennen.

Sie saßen und tranken am Teetisch
Und sprachen von Liebe viel.
Die Herren, die waren ästhetisch,
Die Damen von zartem Gefühl.

„Die Liebe muß sein platonisch“,
Der dürre Hofrat sprach.
Die Hofrätin lächelt ironisch,
Und dennoch seufzet sie: „Ach!“

Der Domherr öffnet den Mund weit:
„Die Liebe sei nicht zu roh,
Sie schadet sonst der Gesundheit.“
Das Fräulein lispelt: „Wieso?“

Die Gräfin spricht wehmütig:
„Die Liebe ist eine Passion!“
Und präsentieret gütig
Die Tasse dem Herren Baron.

Am Tische war noch ein Plätzchen,
Mein Liebchen, da hast du gefehlt.
Du hättest so hübsch, mein Schätzchen,
Von deiner Liebe erzählt.

Hol der Teufel deine Mutter,
Hol der Teufel deinen Vater,
Die so grausam mich verhindert,
Dich zu schauen im Theater.

Denn sie saßen da und gaben,
Breitgeputzt, nur seltne Lücken,
Dich im Hintergrund der Loge,
Süßes Liebchen, zu erblicken.

Und sie saßen da und schauten
Zweier Liebenden Verderben,
Und sie klatschten großen Beifall,
Als sie beide sahen sterben.

Der Brief, den du geschrieben,
Er macht mich gar nicht bang;
Du willst mich nicht mehr lieben,
Aber dein Brief ist lang.

Zwölf Seiten, eng und zierlich!
Ein kleines Manuskript!
Man schreibt nicht so ausführlich,
Wenn man den Abschied gibt.

Ich glaub nicht an den Himmel,
Wovon das Pfäfflein spricht;
Ich glaub nur an dein Auge,
Das ist mein Himmelslicht.

Ich glaub nicht an den Herrgott,
Wovon das Pfäfflein spricht;
Ich glaub nur an dein Herze,
'nen andern Gott hab ich nicht.

Ich glaub nicht an den Bösen,
An Höll und Höllenschmerz;
Ich glaub nur an dein Auge
Und an dein böses Herz.

Mit dummen Mädchen, hab ich gedacht,
Nichts ist mit dummen anzufangen;
Doch als ich mich an die klugen gemacht,
Da ist es mir noch schlimmer ergangen.

Die klugen waren mir viel zu klug,
Ihr Fragen machte mich ungeduldig,
Und wenn ich selber das Wichtigste frug,
Da blieben sie lachend die Antwort schuldig.

Ich wollte bei dir weilen
Und an deiner Seite ruhn;
Du mußtest von mir eilen;
Du hattest viel zu tun.

Ich sagte, daß meine Seele
Dir gänzlich ergeben sei;
Du lachtest aus voller Kehle
Und machtest 'nen Knicks dabei.

Du hast noch mehr gesteigert
Mir meinen Liebesverdruß
Und hast mir sogar verweigert
Am Ende den Abschiedskuß.

Glaub nicht, daß ich mich erschieße,
Wie schlimm auch die Sachen stehn!
Das alles, meine Süße,
Ist mir schon einmal geschehn.

Zu der Lauheit und der Flauheit
Deiner Seele paßte nicht
Meiner Liebe wilde Rauheit,
Die sich Bahn durch Felsen bricht.

Du, du liebtest die Chausseen
In der Liebe, und ich schau
Dich am Arm des Gatten gehen,
Eine brave, schwangre Frau.

Sie tat so fromm, sie tat so gut,
Ich glaubt einen Engel zu lieben;
Sie schrieb die schönsten Briefe mir
Und konnt keine Blume betrüben.

In Bälde sollte Hochzeit sein,
Das hörten die lieben Verwandten,
Die Berta war ein dummes Ding,
Denn sie folgte den Basen und Tanten.

Sie hielt nicht Treu, sie hielt nicht Schwur,
Ich habe es gern ihr vergeben;
Sie hätte in der Ehe sonst
Verbittert mir Lieben und Leben.

Denk ich nun an ein treulos Weib,
So denke an Berta ich wieder
Und habe nur noch einen Wunsch:
Sie komme recht glücklich nieder.

„Oh, die Liebe macht uns selig,
Oh, die Liebe macht uns reich!"
Also singt man tausendkehlig
In dem Heil'gen Röm'schen Reich.

Du, du fühlst den Sinn der Lieder,
Und sie klingen, teurer Freund,
Jubelnd dir im Herzen wider,
Bis der große Tag erscheint:

Wo die Braut, mit roten Bäckchen,
Ihre Hand in deine legt
Und der Vater, mit den Säckchen,
Dir den Segen überträgt.

Säckchen voll mit Geld, unzählig,
Linnen, Betten, Silberzeug –
Oh, die Liebe macht uns selig,
Oh, die Liebe macht uns reich!

Schöne, wirtschaftliche Dame,
Haus und Hof ist wohlbestellt,
Wohlversorgt ist Stall und Keller,
Wohlbeackert ist das Feld.

Jeder Winkel in dem Garten
Ist gereutet und geputzt,
Und das Stroh, das ausgedroschne,
Wird für Betten noch benutzt.

Doch dein Herz und deine Lippen,
Schöne Dame, liegen brach,
Und zur Hälfte nur benutzet
Ist dein trautes Schlafgemach.

Ein Jüngling liebt ein Mädchen,
Die hat einen andern erwählt;
Der andre liebt eine andre
Und hat sich mit dieser vermählt.

Das Mädchen heiratet aus Ärger
Den ersten besten Mann,
Der ihr in den Weg gelaufen;
Der Jüngling ist übel dran.

Es ist eine alte Geschichte,
Doch bleibt sie immer neu;
Und wem sie just passieret,
Dem bricht das Herz entzwei.

Philister in Sonntagsröcklein
Spazieren durch Wald und Flur;
Sie jauchzen, sie hüpfen wie Böcklein,
Begrüßen die schöne Natur.

Betrachten mit blinzelnden Augen,
Wie alles romantisch blüht;
Mit langen Ohren saugen
Sie ein der Spatzen Lied.

Ich aber verhänge die Fenster
Des Zimmers mit schwarzem Tuch;
Es machen mir meine Gespenster
Sogar einen Tagesbesuch.

Die alte Liebe erscheinet,
Sie stieg aus dem Totenreich;
Sie setzt sich zu mir und weinet
Und macht das Herz mir weich.

Der Tod, das ist die kühle Nacht,
Das Leben ist der schwüle Tag.
Es dunkelt schon, mich schläfert,
Der Tag hat mich müd gemacht.

Über mein Bett erhebt sich ein Baum,
Drin singt die junge Nachtigall;
Sie singt von lauter Liebe,
Ich hör es sogar im Traum.

Aus meinen großen Schmerzen
Mach ich die kleinen Lieder;
Die heben ihr klingend Gefieder
Und flattern nach ihrem Herzen.

Sie fanden den Weg zur Trauten,
Doch kommen sie wieder und klagen
Und klagen und wollen nicht sagen,
Was sie im Herzen schauten.

Laß ab!

Der Tag ist in die Nacht verliebt,
Der Frühling in den Winter,
Das Leben verliebt in den Tod –
Und du, du liebest mich!

Du liebst mich – schon erfassen dich
Die grauenhaften Schatten,
All deine Blüte welkt,
Und deine Seele verblutet.

Laß ab von mir und liebe nur
Die heiteren Schmetterlinge,
Die da gaukeln im Sonnenlicht –
Laß ab von mir und dem Unglück.

Mein Herz, mein Herz ist traurig,
Doch lustig leuchtet der Mai;
Ich stehe, gelehnt an der Linde,
Hoch auf der alten Bastei.

Da drunten fließt der blaue
Stadtgraben in stiller Ruh;
Ein Knabe fährt im Kahne
Und angelt und pfeift dazu.

Jenseits erheben sich freundlich,
In winziger, bunter Gestalt,
Lusthäuser und Gärten und Menschen
Und Ochsen und Wiesen und Wald.

Die Mägde bleichen Wäsche
Und springen im Gras herum;
Das Mühlrad stäubt Diamanten,
Ich höre sein fernes Gesumm!

Am alten grauen Turme
Ein Schilderhäuschen steht;
Ein rotgeröckter Bursche
Dort auf und nieder geht.

Er spielt mit seiner Flinte,
Die funkelt im Sonnenrot,
Er präsentiert und schultert –
Ich wollt, er schösse mich tot.

Ich wandelte unter den Bäumen
Mit meinem Gram allein;
Da kam das alte Träumen
Und schlich mir ins Herz hinein.

Wer hat euch die Wörtlein gelehret,
Ihr Vöglein in luftiger Höh?
Schweigt still! wenn mein Herz es höret,
Dann tut es noch einmal so weh.

„Es kam ein Jungfräulein gegangen,
Die sang es immerfort,
Da haben wir Vöglein gefangen
Das hübsche, goldne Wort."

Das sollt ihr mir nicht mehr erzählen,
Ihr Vöglein wunderschlau;
Ihr wollt meinen Kummer mir stehlen,
Ich aber niemandem trau.

Sie liebten sich beide, doch keiner
Wollt es dem andern gestehn;
Sie sahen sich an so feindlich
Und wollten vor Liebe vergehn.

Sie trennten sich endlich und sahn sich
Nur noch zuweilen im Traum;
Sie waren längst gestorben
Und wußten es selber kaum.

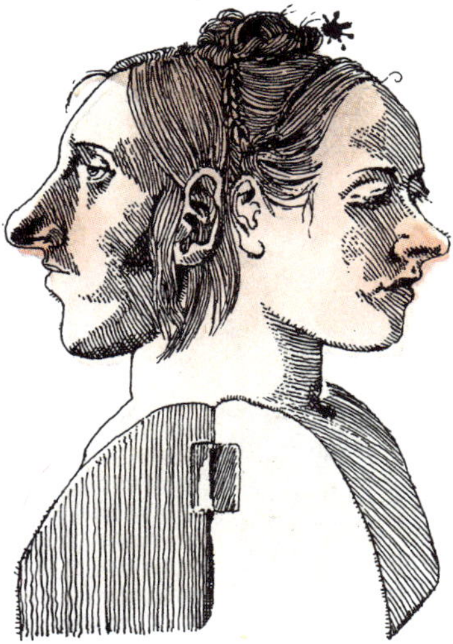

In meiner Erinnrung erblühen
Die Bilder, die längst verwittert –
Was ist in deiner Stimme,
Das mich so tief erschüttert?

Sag nicht, daß du mich liebst!
Ich weiß, das Schönste auf Erden,
Der Frühling und die Liebe,
Es muß zuschanden werden.

Sag nicht, daß du mich liebst!
Und küsse nur und schweige
Und lächle, wenn ich dir morgen
Die welken Rosen zeige.

Wie kannst du ruhig schlafen
Und weißt, ich lebe noch?
Der alte Zorn kommt wieder,
Und dann zerbrech ich mein Joch.

Kennst du das alte Liedchen:
Wie einst ein toter Knab
Um Mitternacht die Geliebte
Zu sich geholt ins Grab?

Glaub mir, du wunderschönes,
Du wunderholdes Kind,
Ich lebe und bin noch stärker,
Als alle Toten sind!

Sie haben mich gequälet,
Geärgert blau und blaß,
Die einen mit ihrer Liebe,
Die andern mit ihrem Haß.

Sie haben das Brot mir vergiftet,
Sie gossen mir Gift ins Glas,
Die einen mit ihrer Liebe,
Die andern mit ihrem Haß.

Doch sie, die mich am meisten
Gequält, geärgert, betrübt,
Die hat mich nie gehasset
Und hat mich nie geliebt.

Mein Kind, wir waren Kinder,
Zwei Kinder, klein und froh;
Wir krochen ins Hühnerhäuschen,
Versteckten uns unter das Stroh.

Wir krähten wie die Hähne,
Und kamen Leute vorbei –
„Kikereküh!“ sie glaubten,
Es wäre Hahnengeschrei.

Die Kisten auf unserem Hofe,
Die tapezierten wir aus
Und wohnten drin beisammen
Und machten ein vornehmes Haus.

Des Nachbars alte Katze
Kam öfters zum Besuch;
Wir machten ihr Bückling' und Knickse
Und Komplimente genug.

Wir haben nach ihrem Befinden
Besorglich und freundlich gefragt;
Wir haben seitdem dasselbe
Mancher alten Katze gesagt.

Wir saßen auch oft und sprachen
Vernünftig, wie alte Leut,
Und klagten, wie alles besser
Gewesen zu unserer Zeit;

Wie Lieb und Treu und Glauben
Verschwunden aus der Welt,
Und wie so teuer der Kaffee,
Und wie so rar das Geld! – – –

Vorbei sind die Kinderspiele,
Und alles rollt vorbei –
Das Geld und die Welt und die Zeiten,
Und Glauben und Lieb und Treu.

So wandl ich wieder den alten Weg,
Die wohlbekannten Gassen;
Ich komme von meiner Liebsten Haus,
Das steht so leer und verlassen.

Die Straßen sind doch gar zu eng!
Das Pflaster ist unerträglich!
Die Häuser fallen mir auf den Kopf!
Ich eile soviel als möglich!

Unterm weißen Baume sitzend,
Hörst du fern die Winde schrillen,
Siehst, wie oben stumme Wolken
Sich in Nebeldecken hüllen;

Siehst, wie unten ausgestorben
Wald und Flur, wie kahl geschoren; –
Um dich Winter, in dir Winter,
Und dein Herz ist eingefroren.

Plötzlich fallen auf dich nieder
Weiße Flocken, und verdrossen
Meinst du schon, mit Schneegestöber
Hab der Baum dich übergossen.

Doch es ist kein Schneegestöber,
Merkst es bald mit freud'gem Schrecken;
Duft'ge Frühlingsblüten sind es,
Die dich necken und bedecken.

Welch ein schauersüßer Zauber!
Winter wandelt sich in Maie,
Schnee verwandelt sich in Blüten,
Und dein Herz, es liebt aufs neue.

Im wunderschönen Monat Mai,
Als alle Knospen sprangen,
Da ist in meinem Herzen
Die Liebe aufgegangen.

Im wunderschönen Monat Mai,
Als alle Vögel sangen,
Da hab ich ihr gestanden
Mein Sehnen und Verlangen.

Du bist wie eine Blume,
So hold und schön und rein;
Ich schau dich an, und Wehmut
Schleicht mir ins Herz hinein.

Mir ist, als ob ich die Hände
Aufs Haupt dir legen sollt,
Betend, daß Gott dich erhalte
So rein und schön und hold.

Leise zieht durch mein Gemüt
Liebliches Geläute.
Klinge, kleines Frühlingslied,
Kling hinaus ins Weite.

Kling hinaus, bis an das Haus,
Wo die Blumen sprießen.
Wenn du eine Rose schaust,
Sag, ich laß sie grüßen.

Blamier mich nicht, mein schönes Kind,
Und grüß mich nicht unter den Linden;
Wenn wir nachher zu Hause sind,
Wird sich schon alles finden.

Und bist du erst mein eh'lich Weib,
Dann bist du zu beneiden,
Dann lebst du in lauter Zeitvertreib,
In lauter Pläsier und Freuden.

Und wenn du schiltst und wenn du tobst,
Ich werd es geduldig leiden;
Doch wenn du meine Verse nicht lobst,
Laß ich mich von dir scheiden.

Welcher Frevel, Freund! Abtrünnig
Wirst du deiner fetten Hanne,
Und du liebst jetzt jene spinnig
Dürre, magre Marianne!

Läßt man sich vom Fleische locken,
Das ist immer noch verzeihlich;
Aber Buhlschaft mit den Knochen,
Diese Sünde ist abscheulich!

Das ist Satans böse Tücke,
Er verwirret unsre Sinne:
Wir verlassen eine Dicke,
Und wir nehmen eine Dünne!

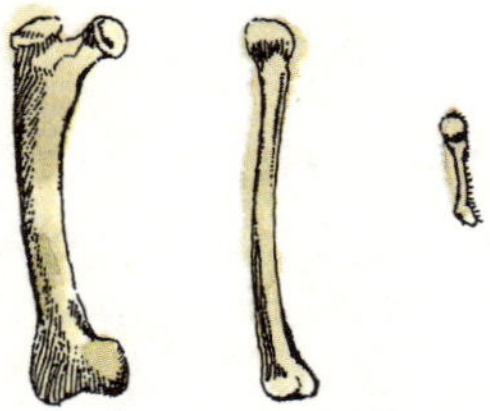

Das Hohelied

Des Weibes Leib ist ein Gedicht,
Das Gott der Herr geschrieben
Ins große Stammbuch der Natur,
Als ihn der Geist getrieben.

Ja, günstig war die Stunde ihm,
Der Gott war hochbegeistert;
Er hat den spröden, rebellischen Stoff
Ganz künstlerisch bemeistert.

Fürwahr, der Leib des Weibes ist
Das Hohelied der Lieder;
Gar wunderbare Strophen sind
Die schlanken, weißen Glieder.

O welche göttliche Idee
Ist dieser Hals, der blanke,
Worauf sich wiegt der kleine Kopf,
Der lockige Hauptgedanke!

Der Brüstchen Rosenknospen sind
Epigrammatisch gefeilet;
Unsäglich entzückend ist die Zäsur,
Die streng den Busen teilet.

Den plastischen Schöpfer offenbart
Der Hüften Parallele;
Der Zwischensatz mit dem Feigenblatt
Ist auch eine schöne Stelle.

Das ist kein abstraktes Begriffspoem!
Das Lied hat Fleisch und Rippen,
Hat Hand und Fuß; es lacht und küßt
Mit schöngereimten Lippen.

Hier atmet wahre Poesie!
Anmut in jeder Wendung!
Und auf der Stirne trägt das Lied
Den Stempel der Vollendung.

Lobsingen will ich dir, o Herr,
Und dich im Staub anbeten!
Wir sind nur Stümper gegen dich,
Den himmlischen Poeten.

Versenken will ich mich, o Herr,
In deines Liedes Prächten;
Ich widme seinem Studium
Den Tag mitsamt den Nächten.

Ja, Tag und Nacht studier ich dran,
Will keine Zeit verlieren;

Die Beine werden mir so dünn –
Das kommt vom vielen Studieren.

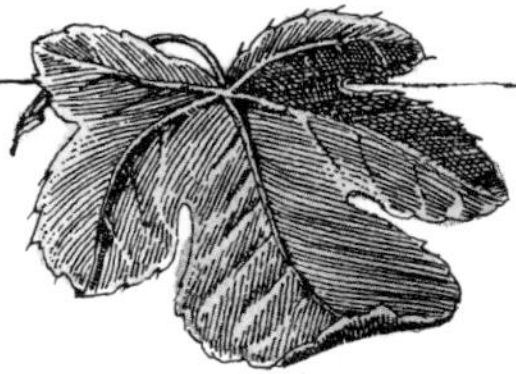

Das macht den Menschen glücklich,
Das macht den Menschen matt,
Wenn er drei sehr schöne Geliebte
Und nur zwei Beine hat.

Der einen lauf ich des Morgens,
Der andern des Abends nach;
Die dritte kommt zu mir des Mittags
Wohl unter mein eigenes Dach.

Lebt wohl, ihr drei Geliebten,
Ich hab zwei Beine nur,
Ich will in ländlicher Stille
Genießen die schöne Natur.

Zum Hausfrieden

Viele Weiber, viele Flöhe,
Viele Flöhe, vieles Jucken –
Tun sie heimlich dir ein Wehe,
Darfst du dennoch dich nicht mucken.

Denn sie rächen, schelmisch lächelnd,
Sich zur Nachtzeit – Willst du drücken
Sie ans Herze, lieberöchelnd,
Ach, da drehn sie dir den Rücken.

Guter Rat

Laß dein Grämen und dein Schämen!
Werbe keck und fordre laut,
Und man wird sich dir bequemen,
Und du führest heim die Braut.

Wirf dein Geld den Musikanten,
Denn die Fiedel macht das Fest;
Küsse deine Schwiegertanten,
Denkst du gleich: Hol euch die Pest!

Rede gut von einem Fürsten
Und nicht schlecht von einer Frau;
Knickre nicht mit deinen Würsten,
Wenn du schlachtest eine Sau.

Ist die Kirche dir verhaßt, Tor,
Desto öfter geh hinein;
Zieh den Hut ab vor dem Pastor,
Schick ihm auch ein Fläschchen Wein.

Fühlst du irgendwo ein Jücken,
Kratze dich als Ehrenmann;
Wenn dich deine Schuhe drücken,
Nun, so zieh Pantoffeln an.

Hat versalzen dir die Suppe
Deine Frau, bezähm die Wut,
Sag ihr lächelnd: „Süße Puppe,
Alles, was du kochst, ist gut."

Trägt nach einem Schal Verlangen
Deine Frau, so kauf ihr zwei;
Kauf ihr Spitzen, goldne Spangen
Und Juwelen noch dabei.

Wirst du diesen Rat erproben,
Dann, mein Freund! genießest du
Einst das Himmelreich dort oben,
Und du hast auf Erden Ruh.

Hoffart

O Gräfin Gudel von Gudelfeld,
Dir huldigt die Menschheit, denn du hast Geld!
Du wirst mit vieren kutschieren,
Man wird dich bei Hof präsentieren.
Es trägt dich die goldne Karosse
Zum kerzenschimmernden Schlosse;
Es rauschet deine Schleppe
Hinauf die Marmortreppe;
Dort oben, in bunten Reihen,
Da stehen die Diener und schreien:
„Madame la comtesse de Gudelfeld."
Stolz, in der Hand den Fächer,
Wandelst du durch die Gemächer.
Belastet mit Diamanten
Und Perlen und Brüsseler Kanten,
Dein weißer Busen schwellet
Und freudig überquellet.
Das ist ein Lächeln und Nicken
Und Knicksen und tiefes Bücken!
Die Herzogin von Pavia,
Die nennt dich: „Cara mia."
Die Junker und die Schranzen,
Die wollen mit dir tanzen;
Und der Krone witziger Erbe

Ruft laut im Saal: „Süperbe
Schwingt sie den Steiß, die Gudelfeld!“

Doch, Ärmste, hast du einst kein Geld,
Dreht dir den Rücken die ganze Welt.
Es werden die Lakaien
Auf deine Schleppe speien.
Statt Bückling und Scherwenzen
Gibt's nur Impertinenzen.
Die cara mia bekreuzt sich,
Und der Kronprinz ruft und schneuzt sich:
„Nach Knoblauch riecht die Gudelfeld.“

Die Flaschen sind leer, das Frühstück ist gut,
Die Dämchen sind rosig erhitzet;
Sie lüften das Mieder mit Übermut,
Ich glaube, sie sind bespitzet.

Die Schulter wie weiß, die Brüstchen wie nett!
Mein Herz erbebet vor Schrecken.
Nun werfen sie lachend sich aufs Bett
Und hüllen sich ein mit den Decken.

Sie ziehen nun gar die Gardinen vor
Und schnarchen am End um die Wette.
Da steh ich im Zimmer, ein einsamer Tor,
Betrachte verlegen das Bette.

Alte Rose

Eine Rosenknospe war
Sie, für die mein Herze glühte;
Doch sie wuchs, und wunderbar
Schoß sie auf in voller Blüte.

Ward die schönste Ros im Land,
Und ich wollt die Rose brechen,
Doch sie wußte mich pikant
Mit den Dornen fortzustechen.

Jetzt, wo sie verwelkt, zerfetzt
Und verklatscht von Wind und Regen –
„Liebster Heinrich" bin ich jetzt,
Liebend kommt sie mir entgegen.

Heinrich hinten, Heinrich vorn,
Klingt es jetzt mit süßen Tönen;
Sticht mich jetzt etwa ein Dorn,
Ist es an dem Kinn der Schönen.

Allzu hart die Borsten sind,
Die des Kinnes Wärzchen zieren –
Geh ins Kloster, liebes Kind,
Oder lasse dich rasieren.

Ein Weib

Sie hatten sich beide so herzlich lieb,
Spitzbübin war sie, er war ein Dieb.
Wenn er Schelmenstreiche machte,
Sie warf sich aufs Bett und lachte.

Der Tag verging in Freud und Lust,
Des Nachts lag sie an seiner Brust.
Als man ins Gefängnis ihn brachte,
Sie stand am Fenster und lachte.

Er ließ ihr sagen: „O komm zu mir,
Ich sehne mich so sehr nach dir,
Ich rufe nach dir, ich schmachte" –
Sie schüttelt' das Haupt und lachte.

Um sechse des Morgens ward er gehenkt,
Um sieben ward er ins Grab gesenkt;
Sie aber schon um achte
Trank roten Wein und lachte.

Ich lache ob den abgeschmackten Laffen,
Die mich anglotzen mit den Bocksgesichtern;
Ich lache ob den Füchsen, die so nüchtern
Und hämisch mich beschnüffeln und begaffen.

Ich lache ob den hochgelahrten Affen,
Die sich aufblähn zu stolzen Geistesrichtern;
Ich lache ob den feigen Bösewichtern,
Die mich bedrohn mit giftgetränkten Waffen.

Denn wenn des Glückes hübsche Siebensachen
Uns von des Schicksals Händen sind zerbrochen
Und so zu unsern Füßen hingeschmissen;

Und wenn das Herz im Leibe ist zerrissen,
Zerrissen und zerschnitten und zerstochen –
Dann bleibt uns doch das schöne gelle Lachen.

Aus der Zopfzeit

Fabel

Zu Kassel waren zwei Ratten,
Die nichts zu essen hatten.

Sie sahen sich lange hungrig an;
Die eine Ratte zu wispern begann:

„Ich weiß einen Topf mit Hirsebrei,
Doch leider steht eine Schildwach dabei;

Sie trägt kurfürstliche Uniform
Und hat einen Zopf, der ist enorm;

Die Flinte ist geladen mit Schrot,
Und wer sich naht, den schießt sie tot!"

Die andere Ratte knistert
Mit ihren Zähnchen und wispert:

„Des Kurfürsten Durchlaucht sind gescheit,
Er liebt die gute alte Zeit,

Die Zeit der alten Katten,
Die lange Zöpfe hatten.

Durch ihre Zöpfe die Katten
Wetteiferten mit den Ratten.

Der Zopf ist aber das Sinnbild nur
Des Schwanzes, den uns verlieh die Natur;

Wir auserwählten Geschöpfe,
Wir haben natürliche Zöpfe.

O Kurfürst, liebst du die Katten,
So liebst du auch die Ratten;

Gewiß für uns dein Herze klopft,
Da wir schon von der Natur bezopft.

O gib, du edler Philozopf,
O gib uns frei den Hirsetopf,

O gib uns frei den Topf mit Brei
Und löse ab die Schildwach dabei!

Für solche Huld, für solchen Brei,
Wir wollen dir dienen mit Lieb und Treu.

Und stirbst du einst, auf deinem Grab
Wir schneiden uns traurig die Schwänze ab

Und flechten sie um dein Haupt als Kranz;
Dein Lorbeer sei ein Rattenschwanz!“

Erinnerung
aus Krähwinkels Schreckenstagen

Wir, Bürgermeister und Senat,
Wir haben folgendes Mandat
Stadtväterlichst an alle Klassen
Der treuen Bürgerschaft erlassen.

„Ausländer, Fremde, sind es meist,
Die unter uns gesät den Geist
Der Rebellion. Dergleichen Sünder,
Gottlob! sind selten Landeskinder.

Auch Gottesleugner sind es meist;
Wer sich von seinem Gotte reißt,
Wird endlich auch abtrünnig werden
Von seinen irdischen Behörden.

Der Obrigkeit gehorchen, ist
Die erste Pflicht für Jud' und Christ.
Es schließe jeder seine Bude,
Sobald es dunkelt, Christ und Jude.

Wo ihrer drei beisammenstehn,
Da soll man auseinandergehn.

Des Nachts soll niemand auf den Gassen
Sich ohne Leuchte sehen lassen.

Es liefre seine Waffen aus
Ein jeder in dem Gildenhaus;
Auch Munition von jeder Sorte
Wird deponiert am selben Orte.

Wer auf der Straße räsoniert,
Wird unverzüglich füsiliert;
Das Räsonieren durch Gebärden
Soll gleichfalls hart bestrafet werden.

Vertrauet eurem Magistrat,
Der fromm und liebend schützt den Staat
Durch huldreich hochwohlweises Walten;
Euch ziemt es, stets das Maul zu halten.“

Der Wechselbalg

Ein Kind mit großem Kürbiskopf,
Hellblondem Schnurrbart, greisem Zopf,
Mit spinnig langen, doch starken Ärmchen,
Mit Riesenmagen, doch kurzen Gedärmchen –
Ein Wechselbalg, den ein Korporal,
Anstatt des Säuglings, den er stahl,
Heimlich gelegt in unsre Wiege –
Die Mißgeburt, die mit der Lüge,
Mit seinem geliebten Windspiel vielleicht,
Der alte Sodomiter gezeugt –
Nicht brauch ich das Ungetüm zu nennen –
Ihr sollt es ersäufen oder verbrennen!

Der Kaiser von China

Mein Vater war ein trockner Taps,
Ein nüchterner Duckmäuser,
Ich aber trinke meinen Schnaps
Und bin ein großer Kaiser.

Das ist ein Zaubertrank! Ich hab's
Entdeckt in meinem Gemüte:
Sobald ich getrunken meinen Schnaps,
Steht China ganz in Blüte.

Das Reich der Mitte verwandelt sich dann
In einen Blumenanger,
Ich selber werde fast ein Mann,
Und meine Frau wird schwanger.

Allüberall ist Überfluß,
Und es gesunden die Kranken;
Mein Hofweltweiser Confusius
Bekömmt die klarsten Gedanken.

Der Pumpernickel des Soldats
Wird Mandelkuchen – O Freude!
Und alle Lumpen meines Staats
Spazieren in Samt und Seide.

Die Mandarinenritterschaft,
Die invaliden Köpfe,
Gewinnen wieder Jugendkraft
Und schütteln ihre Zöpfe.

Die große Pagode, Symbol und Hort
Des Glaubens, ist fertig geworden;
Die letzten Juden taufen sich dort
Und kriegen den Drachenorden.

Es schwindet der Geist der Revolution,
Und es rufen die edelsten Mandschu:
„Wir wollen keine Konstitution,
Wir wollen den Stock, den Kantschu!"

Wohl haben die Schüler Äskulaps
Das Trinken mir widerraten,
Ich aber trinke meinen Schnaps
Zum Besten meiner Staaten.

Und noch einen Schnaps, und noch einen Schnaps!
Das schmeckt wie lauter Manna!
Mein Volk ist glücklich, hat's auch den Raps,
Und jubelt: „Hosianna!"

Lied des Gefangenen

Als meine Großmutter die Liese behext,
Da wollten die Leut sie verbrennen.
Schon hatte der Amtmann viel Dinte verkleckst,
Doch wollte sie nicht bekennen.

Und als man sie in den Kessel schob,
Da schrie sie Mord und Wehe;
Und als sich der schwarze Qualm erhob,
Da flog sie als Rab in die Höhe.

Mein schwarzes, gefiedertes Großmütterlein!
O komm mich im Turme besuchen!
Komm, fliege geschwind durchs Gitter herein
Und bringe mir Käse und Kuchen.

Mein schwarzes, gefiedertes Großmütterlein!
O möchtest du nur sorgen,
Daß die Muhme nicht auspickt die Augen mein,
Wenn ich luftig schwebe morgen.

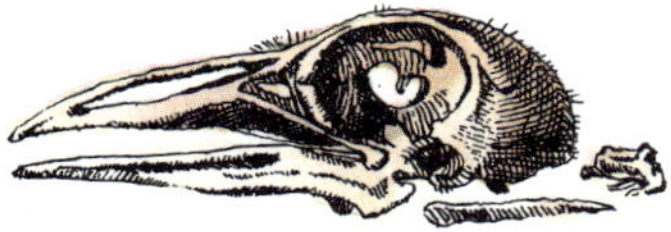

Kleines Volk

In einem Pißpott kam er geschwommen,
Hochzeitlich geputzt, hinab den Rhein.
Und als er nach Rotterdam gekommen,
Da sprach er: „Juffräuken, willst du mich frein?

Ich führe dich, geliebte Schöne,
Nach meinem Schloß, ins Brautgemach;
Die Wände sind eitel Hobelspäne,
Aus Häckerling besteht das Dach.

Da ist es so puppenniedlich und nette,
Da lebst du wie eine Königin!
Die Schale der Walnuß ist unser Bette,
Von Spinnweb sind die Laken drin.

Ameiseneier, gebraten in Butter,
Essen wir täglich, auch Würmchengemüs,
Und später erb ich von meiner Frau Mutter
Drei Nonnenfürzchen, die schmecken so süß.

Ich habe Speck, ich habe Schwarten,
Ich habe Fingerhüte voll Wein,
Auch wächst eine Rübe in meinem Garten,
Du wirst wahrhaftig glücklich sein!“

Das war ein Locken und ein Werben!
Wohl seufzte die Braut: „Ach Gott! ach Gott!"
Sie war wehmütig, wie zum Sterben –
Doch endlich stieg sie hinab in den Pott.

Sind Christenleute oder Mäuse
Die Helden des Lieds? Ich weiß es nicht mehr.
Im Beverland hört ich die schnurrige Weise,
Es sind nun dreißig Jahre her.

Ich weiß nicht, was soll es bedeuten,
Daß ich so traurig bin;
Ein Märchen aus alten Zeiten,
Das kommt mir nicht aus dem Sinn.

Die Luft ist kühl und es dunkelt,
Und ruhig fließt der Rhein;
Der Gipfel des Berges funkelt
Im Abendsonnenschein.

Die schönste Jungfrau sitzet
Dort oben wunderbar,
Ihr goldnes Geschmeide blitzet,
Sie kämmt ihr goldenes Haar.

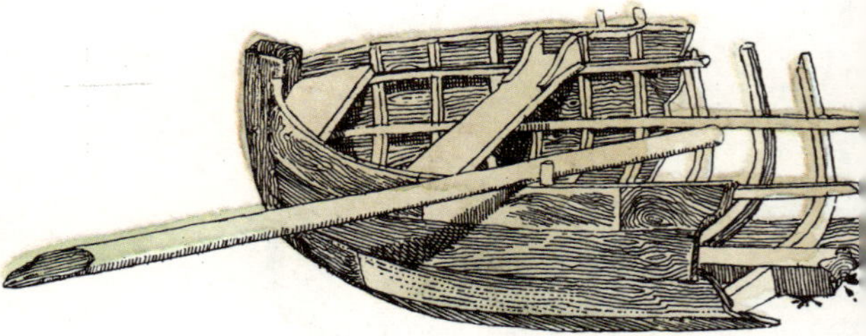

Sie kämmt es mit goldenem Kamme
Und singt ein Lied dabei;
Das hat eine wundersame,
Gewaltige Melodei.

Den Schiffer im kleinen Schiffe
Ergreift es mit wildem Weh;
Er schaut nicht die Felsenriffe,
Er schaut nur hinauf in die Höh.

Ich glaube, die Wellen verschlingen
Am Ende Schiffer und Kahn;
Und das hat mit ihrem Singen
Die Lorelei getan.

Die ungetreue Luise

Die ungetreue Luise,
Sie kam mit sanftem Geflüster.
Da saß der arme Ulrich,
Die Kerzen, die brannten so düster.

Sie koste und sie scherzte,
Sie will ihn heiter machen . . .
„Mein Gott, wie bist du verändert,
Ich hör dich nicht mehr lachen!“

Sie koste und sie scherzte,
Zu seinen Füßen gelagert . . .
„Mein Gott, wie deine Hände
So kalt und abgemagert!“

Sie koste und sie scherzte,
Doch mußte sie wieder stocken . . .
„Mein Gott, so grau wie Asche
Sind jetzo deine Locken!“

Da saß der arme Ulrich,
Sein Herz war wie gebrochen,
Er küßte sein böses Liebchen,
Doch hat er kein Wort gesprochen.

Die Ilse

Ich bin die Prinzessin Ilse
Und wohne im Ilsenstein;
Komm mit nach meinem Schlosse,
Wir wollen selig sein.

Dein Haupt will ich benetzen
Mit meiner klaren Well',
Du sollst deine Schmerzen vergessen,
Du sorgenkranker Gesell!

In meinen weißen Armen,
An meiner weißen Brust,
Da sollst du liegen und träumen
Von alter Märchenlust.

Ich will dich küssen und herzen,
Wie ich geherzt und geküßt
Den lieben Kaiser Heinrich,
Der nun gestorben ist.

Es bleiben tot die Toten,
Und nur der Lebendige lebt;
Und ich bin schön und blühend,
Mein lachendes Herze bebt.

Komm in mein Schloß herunter,
In mein kristallenes Schloß.
Dort tanzen die Fräulein und Ritter,
Es jubelt der Knappentroß.

Es rauschen die seidenen Schleppen,
Es klirren die Eisenspor'n,
Die Zwerge trompeten und pauken
Und fiedeln und blasen das Horn.

Doch dich soll mein Arm umschlingen,
Wie er Kaiser Heinrich umschlang; –
Ich hielt ihm zu die Ohren,
Wenn die Trompet' erklang.

Der Asra

Täglich ging die wunderschöne
Sultanstochter auf und nieder
Um die Abendzeit am Springbrunn,
Wo die weißen Wasser plätschern.

Täglich stand der junge Sklave
Um die Abendzeit am Springbrunn,
Wo die weißen Wasser plätschern;
Täglich ward er bleich und bleicher.

Eines Abends trat die Fürstin
Auf ihn zu mit raschen Worten:
„Deinen Namen will ich wissen,
Deine Heimat, deine Sippschaft!“

Und der Sklave sprach: „Ich heiße
Mohamet, ich bin aus Yemmen,
Und mein Stamm sind jene Asra,
Welche sterben, wenn sie lieben.“

Schlachtfeld bei Hastings

Der Abt von Waltham seufzte tief,
Als er die Kunde vernommen,
Daß König Harold elendiglich
Bei Hastings umgekommen.

Zwei Mönche, Asgod und Ailrik genannt,
Die schickt' er aus als Boten,
Sie sollten suchen die Leiche Harolds
Bei Hastings unter den Toten.

Die Mönche gingen traurig fort
Und kehrten traurig zurücke:
„Hochwürdiger Vater, die Welt ist uns gram,
Wir sind verlassen vom Glücke.

Gefallen ist der beßre Mann,
Es siegte der Bankert, der schlechte,
Gewappnete Diebe verteilen das Land
Und machen den Freiling zum Knechte.

Der lausigste Lump aus der Normandie
Wird Lord auf der Insel der Briten;
Ich sah einen Schneider aus Bayeux, er kam
Mit goldnen Sporen geritten.

Weh dem, der jetzt ein Sachse ist!
Ihr Sachsenheilige droben
Im Himmelreich, nehmt euch in acht,
Ihr seid der Schmach nicht enthoben.

Jetzt wissen wir, was bedeutet hat
Der große Komet, der heuer
Blutrot am nächtlichen Himmel ritt
Auf einem Besen von Feuer.

Bei Hastings in Erfüllung ging
Des Unsterns böses Zeichen,
Wir waren auf dem Schlachtfeld dort
Und suchten unter den Leichen.

Wir suchten hin, wir suchten her,
Bis alle Hoffnung verschwunden –
Den Leichnam des toten Königs Harold,
Wir haben ihn nicht gefunden."

Asgod und Ailrik sprachen also;
Der Abt rang jammernd die Hände,
Versank in tiefe Nachdenklichkeit
Und sprach mit Seufzen am Ende:

„Zu Grendelfield am Bardenstein,
Just in des Waldes Mitte,

Da wohnet Edith Schwanenhals
In einer dürft'gen Hütte.

Man hieß sie Edith Schwanenhals,
Weil wie der Hals der Schwäne
Ihr Nacken war; der König Harold,
Er liebte die junge Schöne.

Er hat sie geliebt, geküßt und geherzt
Und endlich verlassen, vergessen.
Die Zeit verfließt; wohl sechzehn Jahr
Verflossen unterdessen.

Begebt euch, Brüder, zu diesem Weib
Und laßt sie mit euch gehen
Zurück nach Hastings, der Blick des Weibs
Wird dort den König erspähen.

Nach Waltham-Abtei hierher alsdann
Sollt ihr die Leiche bringen,
Damit wir christlich bestatten den Leib
Und für die Seele singen."

Um Mitternacht gelangten schon
Die Boten zur Hütte im Walde:
„Erwache, Edith Schwanenhals,
Und folge uns alsbalde.

Der Herzog der Normannen hat
Den Sieg davongetragen,
Und auf dem Feld bei Hastings liegt
Der König Harold erschlagen.

Komm mit nach Hastings, wir suchen dort
Den Leichnam unter den Toten
Und bringen ihn nach Waltham-Abtei,
Wie uns der Abt geboten."

Kein Wort sprach Edith Schwanenhals,
Sie schürzte sich geschwinde
Und folgte den Mönchen; ihr greisendes Haar,
Das flatterte wild im Winde.

Es folgte barfuß das arme Weib
Durch Sümpfe und Baumgestrüppe.
Bei Tagesanbruch gewahrten sie schon
Zu Hastings die kreidige Klippe.

Der Nebel, der das Schlachtfeld bedeckt
Als wie ein weißes Leilich,
Zerfloß allmählich; es flatterten auf
Die Dohlen und krächzten abscheulich.

Viel tausend Leichen lagen dort
Erbärmlich auf blutiger Erde,

Nackt ausgeplündert, verstümmelt, zerfleischt,
Daneben die Äser der Pferde.

Es wadete Edith Schwanenhals
Im Blute mit nackten Füßen;
Wie Pfeile aus ihrem stieren Aug
Die forschenden Blicke schießen.

Sie suchte hin, sie suchte her,
Oft mußte sie mühsam verscheuchen
Die fraßbegierige Rabenschar;
Die Mönche hinter ihr keuchen.

Sie suchte schon den ganzen Tag,
Es ward schon Abend – plötzlich
Bricht aus der Brust des armen Weibs
Ein geller Schrei, entsetzlich.

Gefunden hat Edith Schwanenhals
Des toten Königs Leiche.
Sie sprach kein Wort, sie weinte nicht,
Sie küßte das Antlitz, das bleiche.

Sie küßte die Stirne, sie küßte den Mund,
Sie hielt ihn fest umschlossen;
Sie küßte auf des Königs Brust
Die Wunde blutumflossen.

Auf seiner Schulter erblickt sie auch –
Und sie bedeckt sie mit Küssen –
Drei kleine Narben, Denkmäler der Lust,
Die sie einst hineingebissen.

Die Mönche konnten mittlerweil
Baumstämme zusammenfugen;
Das war die Bahre, worauf sie alsdann
Den toten König trugen.

Sie trugen ihn nach Waltham-Abtei,
Daß man ihn dort begrübe;
Es folgte Edith Schwanenhals
Der Leiche ihrer Liebe.

Sie sang die Totenlitanei'n
In kindisch frommer Weise;
Das klang so schauerlich in der Nacht –
Die Mönche beteten leise.

Belsazar

Die Mitternacht zog näher schon;
In stiller Ruh lag Babylon.

Nur oben in des Königs Schloß,
Da flackert's, da lärmt des Königs Troß.

Dort oben in dem Königssaal
Belsazar hielt sein Königsmahl.

Die Knechte saßen in schimmernden Reihn
Und leerten die Becher mit funkelndem Wein.

Es klirrten die Becher, es jauchzten die Knecht';
So klang es dem störrigen Könige recht.

Des Königs Wangen leuchten Glut;
Im Wein erwuchs ihm kecker Mut.

Und blindlings reißt der Mut ihn fort;
Und er lästert die Gottheit mit sündigem Wort.

Und er brüstet sich frech und lästert wild;
Die Knechtenschar ihm Beifall brüllt.

Der König rief mit stolzem Blick;
Der Diener eilt und kehrt zurück.

Er trug viel gülden Gerät auf dem Haupt;
Das war aus dem Tempel Jehovas geraubt.

Und der König ergriff mit frevler Hand
Einen heiligen Becher, gefüllt bis am Rand.

Und er leert ihn hastig bis auf den Grund
Und rufet laut mit schäumendem Mund:

„Jehova! dir künd ich auf ewig Hohn –
Ich bin der König von Babylon!"

Doch kaum das grause Wort verklang,
Dem König ward's heimlich im Busen bang.

Das gellende Lachen verstummte zumal;
Es wurde leichenstill im Saal.

Und sieh! und sieh! an weißer Wand
Da kam's hervor wie Menschenhand;

Und schrieb, und schrieb an weißer Wand
Buchstaben von Feuer, und schrieb und schwand.

Der König stieren Blicks da saß,
Mit schlotternden Knien und totenblaß.

Die Knechtenschar saß kalt durchgraut
Und saß gar still, gab keinen Laut.

Die Magier kamen, doch keiner verstand
Zu deuten die Flammenschrift an der Wand.

Belsazar ward aber in selbiger Nacht
Von seinen Knechten umgebracht.

Karl I.

Im Wald, in der Köhlerhütte, sitzt
Trübsinnig allein der König;
Er sitzt an der Wiege des Köhlerkinds
Und wiegt und singt eintönig:

„Eiapopeia, was raschelt im Stroh?
Es blöken im Stalle die Schafe –
Du trägst das Zeichen an der Stirn
Und lächelst so furchtbar im Schlafe.

Eiapopeia, das Kätzchen ist tot –
Du trägst auf der Stirne das Zeichen –
Du wirst ein Mann und schwingst das Beil,
Schon zittern im Walde die Eichen.

Der alte Köhlerglaube verschwand,
Es glauben die Köhlerkinder –
Eiapopeia – nicht mehr an Gott
Und an den König noch minder.

Das Kätzchen ist tot, die Mäuschen sind froh –
Wir müssen zuschanden werden –
Eiapopeia – im Himmel der Gott
Und ich, der König auf Erden.

Mein Mut erlischt, mein Herz ist krank,
Und täglich wird es kränker –
Eiapopeia – du Köhlerkind,
Ich weiß es, du bist mein Henker.

Mein Todesgesang ist dein Wiegenlied –
Eiapopeia – die greisen
Haarlocken schneidest du ab zuvor –
Im Nacken klirrt mir das Eisen.

Eiapopeia, was raschelt im Stroh?
Du hast das Reich erworben,
Und schlägst mir das Haupt vom Rumpf herab –
Das Kätzchen ist gestorben.

Eiapopeia, was raschelt im Stroh?
Es blöken im Stalle die Schafe.
Das Kätzchen ist tot, die Mäuschen sind froh –
Schlafe, mein Henkerchen, schlafe!"

Maria Antoinette

Wie heiter im Tuilerienschloß
Blinken die Spiegelfenster,
Und dennoch dort am hellen Tag
Gehn um die alten Gespenster.

Es spukt im Pavillon de Flor'
Maria Antoinette;
Sie hält dort morgens ihr Lever
Mit strenger Etikette.

Geputzte Hofdamen. Die meisten stehn,
Auf Taburetts andre sitzen;
Die Kleider von Atlas und Goldbrokat,
Behängt mit Juwelen und Spitzen.

Die Taille ist schmal, der Reifrock bauscht,
Darunter lauschen die netten
Hochhackigen Füßchen so klug hervor –
Ach, wenn sie nur Köpfe hätten!

Sie haben alle keinen Kopf,
Der Königin selbst manquieret
Der Kopf, und Ihro Majestät
Ist deshalb nicht frisieret.

Ja, sie, die mit turmhohem Toupet
So stolz sich konnte gebaren,
Die Tochter Maria Theresias,
Die Enkelin deutscher Cäsaren,

Sie muß jetzt spuken ohne Frisur
Und ohne Kopf, im Kreise
Von unfrisierten Edelfraun,
Die kopflos gleicherweise.

Das sind die Folgen der Revolution
Und ihrer fatalen Doktrine;
An allem ist schuld Jean Jacques Rousseau,
Voltaire und die Guillotine.

Doch sonderbar! es dünkt mich schier,
Als hätten die armen Geschöpfe
Gar nicht bemerkt, wie tot sie sind
Und daß sie verloren die Köpfe.

Ein leeres Gespreize, ganz wie sonst,
Ein abgeschmacktes Scherwenzen –
Possierlich sind und schauderhaft
Die kopflosen Reverenzen.

Es knickst die erste Dame d'atour
Und bringt ein Hemd von Linnen;

Die zweite reicht es der Königin,
Und beide knicksen von hinnen.

Die dritte Dam' und die vierte Dam'
Knicksen und niederknien
Vor Ihrer Majestät, um ihr
Die Strümpfe anzuziehen.

Ein Ehrenfräulein kommt und knickst
Und bringt das Morgenjäckchen;
Ein andres Fräulein knickst und bringt
Der Königin Unterröckchen.

Die Oberhofmeisterin steht dabei,
Sie fächert die Brust, die weiße,
Und in Ermanglung eines Kopfs
Lächelt sie mit dem Steiße.

Wohl durch die verhängten Fenster wirft
Die Sonne neugierige Blicke,
Doch wie sie gewahrt den alten Spuk,
Prallt sie erschrocken zurücke.

Die Grenadiere

Nach Frankreich zogen zwei Grenadier',
Die waren in Rußland gefangen.
Und als sie kamen ins deutsche Quartier,
Sie ließen die Köpfe hangen.

Da hörten sie beide die traurige Mär:
Daß Frankreich verlorengegangen,
Besiegt und zerschlagen das große Heer –
Und der Kaiser, der Kaiser gefangen.

Da weinten zusammen die Grenadier'
Wohl ob der kläglichen Kunde.
Der eine sprach: „Wie weh wird mir,
Wie brennt meine alte Wunde!"

Der andere sprach: „Das Lied ist aus,
Auch ich möcht mit dir sterben,
Doch hab ich Weib und Kind zu Haus,
Die ohne mich verderben."

„Was schert mich Weib, was schert mich Kind,
Ich trage weit beßres Verlangen;
Laß sie betteln gehn, wenn sie hungrig sind –
Mein Kaiser, mein Kaiser gefangen!

Gewähr mir, Bruder, eine Bitt':
Wenn ich jetzt sterben werde,
So nimm meine Leiche nach Frankreich mit,
Begrab mich in Frankreichs Erde.

Das Ehrenkreuz am roten Band
Sollst du aufs Herz mir legen;
Die Flinte gib mir in die Hand
Und gürt mir um den Degen.

So will ich liegen und horchen still,
Wie eine Schildwach, im Grabe,
Bis einst ich höre Kanonengebrüll
Und wiehernder Rosse Getrabe.

Dann reitet mein Kaiser wohl über mein Grab,
Viel Schwerter klirren und blitzen;
Dann steig ich gewaffnet hervor aus dem Grab –
Den Kaiser, den Kaiser zu schützen!"

Der Tambourmajor

Das ist der alte Tambourmajor,
Wie ist er jetzt herunter!
Zur Kaiserzeit stand er in Flor,
Da war er glücklich und munter.

Er balancierte den großen Stock,
Mit lachendem Gesichte;
Die silbernen Tressen auf seinem Rock,
Die glänzten im Sonnenlichte.

Wenn er mit Trommelwirbelschall
Einzog in Städten und Städtchen,
Da schlug das Herz im Widerhall
Den Weibern und den Mädchen.

Er kam und sah und siegte leicht
Wohl über alle Schönen;
Sein schwarzer Schnurrbart wurde feucht
Von deutschen Frauentränen.

Wir mußten es dulden! In jedem Land,
Wo die fremden Eroberer kamen,
Der Kaiser die Herren überwand,
Der Tambourmajor die Damen.

Wir haben lange getragen das Leid,
Geduldig wie deutsche Eichen,
Bis endlich die hohe Obrigkeit
Uns gab das Befreiungszeichen.

Wie in der Kampfbahn der Auerochs
Erhuben wir unsere Hörner,
Entledigten uns des fränkischen Jochs
Und sangen die Lieder von Körner.

Entsetzliche Verse! sie klangen ins Ohr
Gar schauderhaft den Tyrannen!
Der Kaiser und der Tambourmajor,
Sie flohen erschrocken von dannen.

Sie ernteten beide den Sündenlohn
Und nahmen ein schlechtes Ende.
Es fiel der Kaiser Napoleon
Den Briten in die Hände.

Wohl auf der Insel Sankt Helena,
Sie marterten ihn gar schändlich;
Am Magenkrebse starb er da
Nach langen Leiden endlich.

Der Tambourmajor, er ward entsetzt
Gleichfalls von seiner Stelle.
Um nicht zu verhungern, dient er jetzt
Als Hausknecht in unserm Hotele.

Er heizt den Ofen, er fegt den Topf,
Muß Holz und Wasser schleppen.
Mit seinem wackelnd greisen Kopf
Keucht er herauf die Treppen.

Wenn mich der Fritz besucht, so kann
Er nicht den Spaß sich versagen,
Den drollig schlotternd langen Mann
Zu nergeln und zu plagen.

„Laß ab mit Spöttelei'n, o Fritz!
Es ziemt Germanias Söhnen
Wohl nimmermehr, mit schlechtem Witz
Gefallene Größe zu höhnen.

Du solltest mit Pietät, mich deucht,
Behandeln solche Leute;
Der Alte ist dein Vater vielleicht
Von mütterlicher Seite."

Verkehrte Welt

Das ist ja die verkehrte Welt,
Wir gehen auf den Köpfen!
Die Jäger werden dutzendweis
Erschossen von den Schnepfen.

Die Kälber braten jetzt den Koch,
Auf Menschen reiten die Gäule;
Für Lehrfreiheit und Rechte des Lichts
Kämpft die katholische Eule.

Der Häring wird ein Sansculott',
Die Wahrheit sagt uns Bettine,
Und ein gestiefelter Kater bringt
Den Sophokles auf die Bühne.

Ein Affe läßt ein Pantheon
Erbauen für deutsche Helden.
Der Maßmann hat sich jüngst gekämmt,
Wie deutsche Blätter melden.

Germanische Bären glauben nicht mehr
Und werden Atheisten;
Jedoch die französischen Papagei'n,
Die werden gute Christen.

Im uckermärk'schen Moniteur,
Da hat man's am tollsten getrieben:
Ein Toter hat dem Lebenden dort
Die schnödeste Grabschrift geschrieben.

Laßt uns nicht schwimmen gegen den Strom,
Ihr Brüder! Es hilft uns wenig!
Laßt uns besteigen den Templower Berg
Und rufen: „Es lebe der König!"

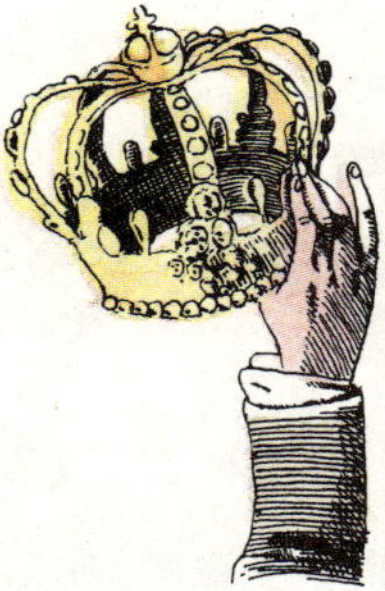

Zu fragmentarisch ist Welt und Leben!
Ich will mich zum deutschen Professor begeben.
Der weiß das Leben zusammenzusetzen,
Und er macht ein verständlich System daraus;
Mit seinen Nachtmützen und Schlafrockfetzen
Stopft er die Lücken des Weltenbaus.

Zur Notiz

Die Philister, die Beschränkten,
Diese geistig Eingeengten,
Darf man nie und nimmer necken.
Aber weite, kluge Herzen
Wissen stets in unsren Scherzen
Lieb und Freundschaft zu entdecken.

Anno 1829

Daß ich bequem verbluten kann,
Gebt mir ein edles, weites Feld!
Oh, laßt mich nicht ersticken hier
In dieser engen Krämerwelt!

Sie essen gut, sie trinken gut,
Erfreun sich ihres Maulwurfglücks,
Und ihre Großmut ist so groß
Als wie das Loch der Armenbüchs.

Zigarren tragen sie im Maul
Und in der Hosentasch' die Händ';
Auch die Verdauungskraft ist gut –
Wer sie nur selbst verdauen könnt!

Sie handeln mit den Spezerei'n
Der ganzen Welt, doch in der Luft,
Trotz aller Würzen, riecht man stets
Den faulen Schellfischseelenduft.

Oh, daß ich große Laster säh,
Verbrechen, blutig, kolossal –
Nur diese satte Tugend nicht
Und zahlungsfähige Moral!

Ihr Wolken droben, nehmt mich mit,
Gleichviel nach welchem fernen Ort!
Nach Lappland oder Afrika,
Und sei's nach Pommern – fort! nur fort!

Oh, nehmt mich mit – sie hören nicht –
Die Wolken droben sind so klug!
Vorüberreisend dieser Stadt,
Ängstlich beschleun'gen sie den Flug.

Anno 1839

Oh, Deutschland, meine ferne Liebe,
Gedenk ich deiner, wein ich fast!
Das muntre Frankreich scheint mir trübe,
Das leichte Volk wird mir zur Last.

Nur der Verstand, so kalt und trocken,
Herrscht in dem witzigen Paris –
Oh, Narrheitsglöcklein, Glaubensglocken,
Wie klingelt ihr daheim so süß!

Höfliche Männer! Doch verdrossen
Geb ich den art'gen Gruß zurück. –
Die Grobheit, die ich einst genossen
Im Vaterland, das war mein Glück!

Lächelnde Weiber! Plappern immer,
Wie Mühlenräder stets bewegt!
Da lob ich Deutschlands Frauenzimmer,
Das schweigend sich zu Bette legt.

Und alles dreht sich hier im Kreise,
Mit Ungestüm, wie 'n toller Traum!
Bei uns bleibt alles hübsch im Gleise,
Wie angenagelt, rührt sich kaum.

Mir ist, als hört ich fern erklingen
Nachtwächterhörner, sanft und traut;
Nachtwächterlieder hör ich singen,
Dazwischen Nachtigallenlaut.

Dem Dichter war so wohl daheime,
In Schildas teurem Eichenhain!
Dort wob ich meine zarten Reime
Aus Veilchenduft und Mondenschein.

Zu Halle auf dem Markt,
Da stehn zwei große Löwen.
Ei, du hallischer Löwentrotz,
Wie hat man dich gezähmet!

Zu Halle auf dem Markt,
Da steht ein großer Riese.
Er hat ein Schwert und regt sich nicht,
Er ist vor Schreck versteinert.

Zu Halle auf dem Markt,
Da steht eine große Kirche.
Die Burschenschaft und die Landsmannschaft,
Die haben dort Platz zum Beten.

Erinnerung an Hammonia

Waisenkinder, zwei und zwei,
Wallen fromm und froh vorbei,
Tragen alle blaue Röckchen,
Haben alle rote Bäckchen –
Oh, die hübschen Waisenkinder!

Jeder sieht sie an gerührt,
Und die Büchse klingeliert;
Von geheimen Vaterhänden
Fließen ihnen reiche Spenden –
Oh, die hübschen Waisenkinder!

Frauen, die gefühlvoll sind,
Küssen manchem armen Kind
Sein Rotznäschen und sein Schnütchen,
Schenken ihm ein Zuckertütchen –
Oh, die hübschen Waisenkinder!

Schmuhlchen wirft verschämten Blicks
Einen Taler in die Büchs –
Denn er hat ein Herz – und heiter
Schleppt er seinen Zwerchsack weiter.
Oh, die hübschen Waisenkinder!

Einen goldnen Louisdor
Gibt ein frommer Herr; zuvor
Guckt er in die Himmelshöhe,
Ob der liebe Gott ihn sähe?
Oh, die hübschen Waisenkinder!

Litzenbrüder, Arbeitsleut,
Hausknecht', Küper feiern heut;
Werden manche Flasche leeren
Auf das Wohlsein dieser Gören –
Oh, die hübschen Waisenkinder!

Schutzgöttin Hammonia
Folgt dem Zug inkognita,
Stolz bewegt sie die enormen
Massen ihrer hintern Formen –
Oh, die hübschen Waisenkinder!

Vor dem Tor, auf grünem Feld,
Rauscht Musik im hohen Zelt,
Das bewimpelt und beflittert –
Dorten werden abgefüttert
Diese hübschen Waisenkinder.

Sitzen dort in langer Reih,
Schmausen gütlich süßen Brei,
Torten, Kuchen, leckre Speischen,

Und sie knuspern wie die Mäuschen,
Diese hübschen Waisenkinder.

Leider kommt mir in den Sinn
Jetzt ein Waisenhaus, worin
Kein so fröhliches Gastieren;
Gar elendig lamentieren
Dort Millionen Waisenkinder.

Die Montur ist nicht egal,
Manchem fehlt das Mittagsmahl;
Keiner geht dort mit dem andern,
Einsam, kummervoll dort wandern
Viel Millionen Waisenkinder.

Das Sklavenschiff

I

Der Superkargo Mynheer van Koek
Sitzt rechnend in seiner Kajüte;
Er kalkuliert der Ladung Betrag
Und die probabeln Profite.

„Der Gummi ist gut, der Pfeffer ist gut,
Dreihundert Säcke und Fässer,
Ich habe Goldstaub und Elfenbein –
Die schwarze Ware ist besser.

Sechshundert Neger tauschte ich ein
Spottwohlfeil am Senegalflusse.
Das Fleisch ist hart, die Sehnen sind stramm,
Wie Eisen vom besten Gusse.

Ich hab zum Tausche Branntewein,
Glasperlen und Stahlzeug gegeben;
Gewinne daran achthundert Prozent,
Bleibt mir die Hälfte am Leben.

Bleiben mir Neger dreihundert nur
Im Hafen von Rio-Janeiro,
Zahlt dort mir hundert Dukaten per Stück
Das Haus Gonzales Perreiro."

Da plötzlich wird Mynheer van Koek
Aus seinen Gedanken gerissen;
Der Schiffschirurgius tritt herein,
Der Doktor van der Smissen.

Das ist eine klapperdürre Figur,
Die Nase voll roter Warzen –
„Nun, Wasserfeldscherer“, ruft van Koek,
„Wie geht's meinen lieben Schwarzen?“

Der Doktor dankt der Nachfrage und spricht:
„Ich bin zu melden gekommen,
Daß heute nacht die Sterblichkeit
Bedeutend zugenommen.

Im Durchschnitt starben täglich zwei,
Doch heute starben sieben,
Vier Männer, drei Frauen – Ich hab den Verlust
Sogleich in die Kladde geschrieben.

Ich inspizierte die Leichen genau;
Denn diese Schelme stellen
Sich manchmal tot, damit man sie
Hinabwirft in die Wellen.

Ich nahm den Toten die Eisen ab;
Und wie ich gewöhnlich tue,

Ich ließ die Leichen werfen ins Meer
Des Morgens in der Fruhe.

Es schossen alsbald hervor aus der Flut
Haifische, ganze Heere,
Sie lieben so sehr das Negerfleisch;
Das sind meine Pensionäre.

Sie folgten unseres Schiffes Spur,
Seit wir verlassen die Küste;
Die Bestien wittern den Leichengeruch
Mit schnupperndem Fraßgelüste.

Es ist possierlich anzusehn,
Wie sie nach den Toten schnappen!
Die faßt den Kopf, die faßt das Bein,
Die andern schlucken die Lappen.

Ist alles verschlungen, dann tummeln sie sich
Vergnügt um des Schiffes Planken
Und glotzen mich an, als wollten sie
Sich für das Frühstück bedanken."

Doch seufzend fällt ihm in die Red'
Van Koek: „Wie kann ich lindern
Das Übel? Wie kann ich die Progression
Der Sterblichkeit verhindern?"

Der Doktor erwidert: „Durch eigne Schuld
Sind viele Schwarze gestorben;
Ihr schlechter Odem hat die Luft
Im Schiffsraum so sehr verdorben.

Auch starben viele durch Melancholie,
Dieweil sie sich tödlich langweilen;
Durch etwas Luft, Musik und Tanz
Läßt sich die Krankheit heilen."

Da ruft van Koek: „Ein guter Rat!
Mein teurer Wasserfeldscherer
Ist klug wie Aristoteles,
Des Alexanders Lehrer.

Der Präsident der Sozietät
Der Tulpenveredlung im Delfte
Ist sehr gescheit, doch hat er nicht
Von Eurem Verstande die Hälfte.

Musik! Musik! Die Schwarzen solln
Hier auf dem Verdecke tanzen.
Und wer sich beim Hopsen nicht amüsiert,
Den soll die Peitsche kuranzen."

II

Hoch aus dem blauen Himmelszelt
Viel tausend Sterne schauen,
Sehnsüchtig glänzend, groß und klug,
Wie Augen von schönen Frauen.

Sie blicken hinunter in das Meer,
Das weithin überzogen
Mit phosphorstrahlendem Purpurduft;
Wollüstig girren die Wogen.

Kein Segel flattert am Sklavenschiff,
Es liegt wie abgetakelt;
Doch schimmern Laternen auf dem Verdeck,
Wo Tanzmusik spektakelt.

Die Fiedel streicht der Steuermann,
Der Koch, der spielt die Flöte,
Ein Schiffsjung schlägt die Trommel dazu,
Der Doktor bläst die Trompete.

Wohl hundert Neger, Männer und Fraun,
Sie jauchzen und hopsen und kreisen
Wie toll herum; bei jedem Sprung
Taktmäßig klirren die Eisen.

Sie stampfen den Boden mit tobender Lust,
Und manche schwarze Schöne
Umschlingt wollüstig den nackten Genoß –
Dazwischen ächzende Töne.

Der Büttel ist Maître des plaisirs
Und hat mit Peitschenhieben
Die lässigen Tänzer stimuliert,
Zum Frohsinn angetrieben.

Und Dideldumdei und Schnedderedeng!
Der Lärm lockt aus den Tiefen
Die Ungetüme der Wasserwelt,
Die dort blödsinnig schliefen.

Schlaftrunken kommen geschwommen heran
Haifische, viele hundert;
Sie glotzen nach dem Schiff hinauf,
Sie sind verdutzt, verwundert.

Sie merken, daß die Frühstückstund
Noch nicht gekommen, und gähnen,
Aufsperrend den Rachen; die Kiefer sind
Bepflanzt mit Sägezähnen.

Und Dideldumdei und Schnedderedeng –
Es nehmen kein Ende die Tänze.

Die Haifische beißen vor Ungeduld
Sich selber in die Schwänze.

Ich glaube, sie lieben nicht die Musik,
Wie viele von ihrem Gelichter.
„Trau keiner Bestie, die nicht liebt
Musik!“ sagt Albions großer Dichter.

Und Schnedderedeng und Dideldumdei –
Die Tänze nehmen kein Ende.
Am Fockmast steht Mynheer von Koek
Und faltet betend die Hände:

„Um Christi willen verschone, o Herr,
Das Leben der schwarzen Sünder!
Erzürnten sie dich, so weißt du ja,
Sie sind so dumm wie die Rinder.

Verschone ihr Leben um Christi willn,
Der für uns alle gestorben!
Denn bleiben mir nicht dreihundert Stück,
So ist mein Geschäft verdorben.“

Jammertal

Der Nachtwind durch die Luken pfeift,
Und auf dem Dachstublager
zwei arme Seelen gebettet sind;
Sie schauen so blaß und mager.

Die eine arme Seele spricht:
„Umschling mich mit deinen Armen,
An meinen Mund drück fest deinen Mund,
Ich will an dir erwarmen."

Die andere arme Seele spricht:
„Wenn ich dein Auge sehe,
Verschwindet mein Elend, der Hunger, der Frost
Und all mein Erdenwehe."

Sie küßten sich viel, sie weinten noch mehr,
Sie drückten sich seufzend die Hände,
Sie lachten manchmal und sangen sogar,
Und sie verstummten am Ende.

Am Morgen kam der Kommissär,
Und mit ihm kam ein braver
Chirurgus, welcher konstatiert
Den Tod der beiden Kadaver.

Die strenge Wittrung, erklärte er,
Mit Magenleere vereinigt,
Hat beider Ableben verursacht, sie hat
Zum mindesten solches beschleunigt.

Wenn Fröste eintreten, setzt' er hinzu,
Sei höchst notwendig Verwahrung
Durch wollene Decken; er empfahl
Gleichfalls gesunde Nahrung.

Verdroßnen Sinn im kalten Herzen hegend,
Reis ich verdrießlich durch die kalte Welt,
Zu Ende geht der Herbst, ein Nebel hält
Feuchteingehüllt die abgestorbne Gegend.

Die Winde pfeifen, hin und her bewegend
Das rote Laub, das von den Bäumen fällt,
Es seufzt der Wald, es dampft das kahle Feld,
Nun kommt das Schlimmste noch, es regent.

Das Fräulein stand am Meere
Und seufzte lang und bang,
Es rührte sie so sehre
Der Sonnenuntergang.

„Mein Fräulein, sein Sie munter,
Das ist ein altes Stück;
Hier vorne geht sie unter
Und kehrt von hinten zurück.“

Meeresstille

Meeresstille! Ihre Strahlen
Wirft die Sonne auf das Wasser,
Und im wogenden Geschmeide
Zieht das Schiff die grünen Furchen.

Bei dem Steuer liegt der Bootsmann
Auf dem Bauch und schnarchet leise.
Bei dem Mastbaum, segelflickend,
Kauert der beteerte Schiffsjung.

Hinterm Schmutze seiner Wangen
Sprüht es rot, wehmütig zuckt es
Um das breite Maul, und schmerzlich
Schaun die großen, schönen Augen.

Denn der Kapitän steht vor ihm,
Tobt und flucht und schilt ihn: „Spitzbub!
Spitzbub! einen Hering hast du
Aus der Tonne mir gestohlen!"

Meeresstille! Aus den Wellen
Taucht hervor ein kluges Fischlein,
Wärmt das Köpfchen in der Sonne,
Plätschert lustig mit dem Schwänzchen.

Doch die Möwe, aus den Lüften,
Schießt herunter auf das Fischlein,
Und den raschen Raub im Schnabel,
Schwingt sie sich hinauf ins Blaue.

Eingehüllt in graue Wolken,
Schlafen jetzt die großen Götter,
Und ich höre, wie sie schnarchen,
Und wir haben wildes Wetter.

Wildes Wetter! Sturmeswüten
Will das arme Schiff zerschellen –
Ach, wer zügelt diese Winde
Und die herrenlosen Wellen!

Kann's nicht hindern, daß es stürmet,
Daß da dröhnen Mast und Bretter,
Und ich hüll mich in den Mantel,
Um zu schlafen wie die Götter.

Der Wind zieht seine Hosen an,
Die weißen Wasserhosen!
Er peitscht die Wellen, so stark er kann,
Die heulen und brausen und tosen.

Aus dunkler Höh, mit wilder Macht,
Die Regengüsse träufen;
Es ist, als wollt die alte Nacht
Das alte Meer ersäufen.

An den Mastbaum klammert die Möwe sich
Mit heiserem Schrillen und Schreien;
Sie flattert und will gar ängstiglich
Ein Unglück prophezeien.

Die Nacht am Strande

Sternlos und kalt ist die Nacht,
Es gärt das Meer;
Und über dem Meer, platt auf dem Bauch,
Liegt der ungestaltete Nordwind,
Und heimlich, mit ächzend gedämpfter Stimme,
Wie 'n störriger Griesgram, der gut gelaunt wird,
Schwatzt er ins Wasser hinein
Und erzählt viel tolle Geschichten,
Riesenmärchen, totschlaglaunig,
Uralte Sagen aus Norweg,
Und dazwischen, weitschallend, lacht er und heult e
Beschwörungslieder der Edda,
Auch Runensprüche,
So dunkeltrotzig und zaubergewaltig,
Daß die weißen Meerkinder
Hoch aufspringen und jauchzen,
Übermutberauscht.

Derweilen, am flachen Gestade,
Über den flutbefeuchteten Sand,
Schreitet ein Fremdling, mit einem Herzen,
Das wilder noch als Wind und Wellen.
Wo er hintritt,
Sprühen Funken und knistern die Muscheln;

Und er hüllt sich fest in den grauen Mantel
Und schreitet rasch durch die wehende Nacht; –
Sicher geleitet vom kleinen Lichte,
Das lockend und lieblich schimmert
Aus einsamer Fischerhütte.

Vater und Bruder sind auf der See,
Und mutterseelallein blieb dort
In der Hütte die Fischertochter,
Die wunderschöne Fischertochter.
Am Herde sitzt sie
Und horcht auf des Wasserkessels
Ahnungssüßes, heimliches Summen
Und schüttet knisterndes Reisig ins Feuer
Und bläst hinein,
Daß die flackernd roten Lichter
Zauberlieblich widerstrahlen
Auf das blühende Antlitz,
Auf die zarte, weiße Schulter,
Die rührend hervorlauscht
Aus dem großen, grauen Hemde,
Und auf die kleine, sorgsame Hand,
Die das Unterröckchen fester bindet
Um die feine Hüfte.

Aber plötzlich, die Tür springt auf,
Und es tritt herein der nächtige Fremdling;
Liebesicher ruht sein Auge
Auf dem weißen, schlanken Mädchen,
Das schauernd vor ihm steht,
Gleich einer erschrockenen Lilie;
Und er wirft den Mantel zur Erde
Und lacht und spricht:

„Siehst du, mein Kind, ich halte Wort,
Und ich komme, und mit mir kommt
Die alte Zeit, wo die Götter des Himmels
Niederstiegen zu Töchtern der Menschen
Und die Töchter der Menschen umarmten
Und mit ihnen zeugten
Zeptertragende Königsgeschlechter
Und Helden, Wunder der Welt.
Doch staune, mein Kind, nicht länger
Ob meiner Göttlichkeit,
Und, ich bitte dich, koche mir Tee mit Rum;
Denn draußen war's kalt,
Und bei solcher Nachtluft
Frieren auch wir, wir ewigen Götter,
Und kriegen wir leicht den göttlichsten Schnupfen
Und einen unsterblichen Husten."

Es ragt ins Meer der Runenstein,
Da sitz ich mit meinen Träumen.
Es pfeift der Wind, die Möwen schrein,
Die Wellen, die wandern und schäumen.

Ich habe geliebt manch schönes Kind
Und manchen guten Gesellen –
Wo sind sie hin? Es pfeift der Wind,
Es schäumen und wandern die Wellen.

Das ist eine weiße Möwe,
Die ich dort flattern seh
Wohl über die dunklen Fluten;
Der Mond steht hoch in der Höh.

Der Haifisch und der Roche,
Die schnappen hervor aus der See,
Es hebt sich, es senkt sich die Möwe;
Der Mond steht hoch in der Höh.

Oh, liebe, flüchtige Seele,
Dir ist so bang und weh!
Zu nah ist dir das Wasser,
Der Mond steht hoch in der Höh.

Im Mondenglanze ruht das Meer,
Die Wogen murmeln leise;
Mir wird das Herz so bang und schwer,
Ich denk der alten Weise,

Der alten Weise, die uns singt
Von den verlornen Städten,
Wo aus dem Meeresgrunde klingt
Glockengeläut und Beten –

Das Läuten und das Beten, wißt,
Wird nicht den Städten frommen,
Denn was einmal begraben ist,
Das kann nicht wiederkommen.

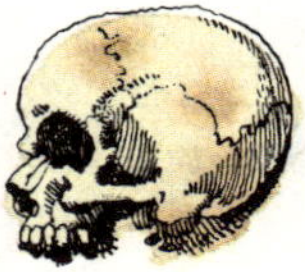

Auf diesem Felsen bauen wir
Die Kirche von dem dritten,
Dem dritten neuen Testament;
Das Leid ist ausgelitten.

Vernichtet ist das Zweierlei,
Das uns so lang betöret;
Die dumme Leiberquälerei
Hat endlich aufgehöret.

Hörst du den Gott im finstern Meer?
Mit tausend Stimmen spricht er.
Und siehst du über unserm Haupt
Die tausend Gotteslichter?

Der heil'ge Gott, der ist im Licht
Wie in den Finsternissen;
Und Gott ist alles, was da ist;
Er ist in unsern Küssen.

Laß die heil'gen Parabolen,
Laß die frommen Hypothesen –
Suche die verdammten Fragen
Ohne Umschweif uns zu lösen.

Warum schleppt sich blutend, elend,
Unter Kreuzlast der Gerechte,
Während glücklich als ein Sieger
Trabt auf hohem Roß der Schlechte?

Woran liegt die Schuld? Ist etwa
Unser Herr nicht ganz allmächtig?
Oder treibt er selbst den Unfug?
Ach, das wäre niederträchtig.

Also fragen wir beständig,
Bis man uns mit einer Handvoll
Erde endlich stopft die Mäuler –
Aber ist das eine Antwort?

Lebensgruß

Stammbuchblatt

Eine große Landstraß ist unsere Erd,
Wir Menschen sind Passagiere;
Man rennet und jaget, zu Fuß und zu Pferd,
Wie Läufer oder Kuriere.

Man fährt sich vorüber, man nicket, man grüßt
Mit dem Taschentuch aus der Karosse;
Man hätte sich gerne geherzt und geküßt,
Doch jagen von hinnen die Rosse.

Kaum trafen wir uns auf derselben Station,
Herzliebster Prinz Alexander,
Da bläst schon zur Abfahrt der Postillion
Und bläst uns schon auseinander.

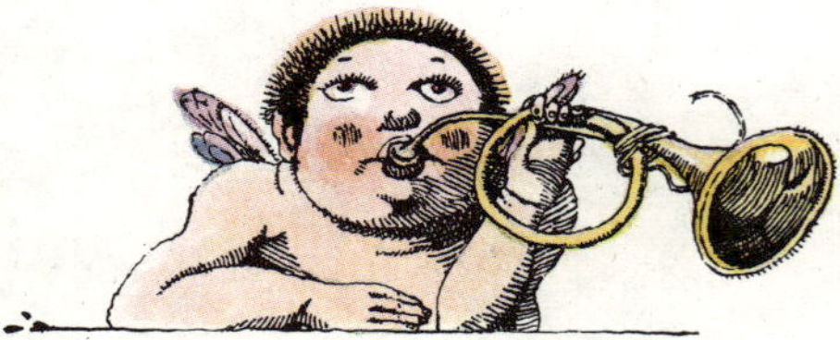

Entartung

Hat die Natur sich auch verschlechtert
Und nimmt sie Menschenfehler an?
Mich dünkt, die Pflanzen und die Tiere,
Sie lügen jetzt wie jedermann.

Ich glaub nicht an der Lilie Keuschheit.
Es buhlt mit ihr der bunte Geck,
Der Schmetterling; er küßt und flattert
Am End mit ihrer Unschuld weg.

Von der Bescheidenheit der Veilchen
Halt ich nicht viel. Die kleine Blum,
Mit den koketten Düften lockt sie,
Und heimlich dürstet sie nach Ruhm.

Ich zweifle auch, ob sie empfindet,
Die Nachtigall, das, was sie singt;
Sie übertreibt und schluchzt und trillert
Nur aus Routine, wie mich dünkt.

Die Wahrheit schwindet von der Erde,
Auch mit der Treu ist es vorbei.
Die Hunde wedeln noch und stinken
Wie sonst, doch sind sie nicht mehr treu.

Einem Abtrünnigen

O des heil'gen Jugendmutes!
Oh, wie schnell bist du gebändigt!
Und du hast dich, kühlern Blutes,
Mit den lieben Herrn verständigt.

Und du bist zu Kreuz gekrochen,
Zu dem Kreuz, das du verachtest,
Das du noch vor wenig Wochen
In den Staub zu treten dachtest!

Oh, das tut das viele Lesen
Jener Schlegel, Haller, Burke –
Gestern noch ein Held gewesen,
Ist man heute schon ein Schurke.

Geheimnis

Wir seufzen nicht, das Aug ist trocken,
Wir lächeln oft, wir lachen gar!
In keinem Blick, in keiner Miene,
Wird das Geheimnis offenbar.

Mit seinen stummen Qualen liegt es
In unsrer Seele blut'gem Grund;
Wird es auch laut im wilden Herzen,
Krampfhaft verschlossen bleibt der Mund.

Frag du den Säugling in der Wiege,
Frag du die Toten in dem Grab,
Vielleicht daß diese dir entdecken,
Was ich dir stets verschwiegen hab.

Adam der Erste

Du schicktest mit dem Flammenschwert
Den himmlischen Gendarmen
Und jagtest mich aus dem Paradies,
Ganz ohne Recht und Erbarmen!

Ich ziehe fort mit meiner Frau
Nach andren Erdenländern;
Doch daß ich genossen des Wissens Frucht,
Das kannst du nicht mehr ändern.

Du kannst nicht ändern, daß ich weiß,
Wie sehr du klein und nichtig,
Und machst du dich auch noch so sehr
Durch Tod und Donnern wichtig.

O Gott! wie erbärmlich ist doch dies
Consilium abeundi!
Das nenne ich einen Magnifikus
Der Welt, ein lumen mundi!

Vermissen werde ich nimmermehr
Die paradiesischen Räume;
Das war kein wahres Paradies –
Es gab dort verbotene Bäume.

Ich will mein volles Freiheitsrecht!
Find ich die g'ringste Beschränknis,
Verwandelt sich mir das Paradies
In Hölle und Gefängnis.

Die Tendenz

Deutscher Sänger, sing und preise
Deutsche Freiheit, daß dein Lied
Unsrer Seelen sich bemeistre
Und zu Taten uns begeistre,
In Marseillerhymnenweise.

Girre nicht mehr wie ein Werther,
Welcher nur für Lotten glüht –
Was die Glocke hat geschlagen,
Sollst du deinem Volke sagen,
Rede Dolche, rede Schwerter!

Sei nicht mehr die weiche Flöte,
Das idyllische Gemüt –
Sei des Vaterlands Posaune,
Sei Kanone, sei Kartaune,
Blase, schmettre, donnre, töte!

Blase, schmettre, donnre täglich,
Bis der letzte Dränger flieht –
Singe nur in dieser Richtung,
Aber halte deine Dichtung
Nur so allgemein als möglich.

An einen politischen Dichter

Du singst, wie einst Tyrtäus sang,
Von Heldenmut beseelet,
Doch hast du schlecht dein Publikum
Und deine Zeit gewählet.

Beifällig horchen sie dir zwar
Und loben, schier begeistert:
Wie edel dein Gedankenflug,
Wie du die Form bemeistert.

Sie pflegen auch beim Glase Wein
Ein Vivat dir zu bringen
Und manchen Schlachtgesang von dir
Lautbrüllend nachzusingen.

Der Knecht singt gern ein Freiheitslied
Des Abends in der Schenke:
Das fördert die Verdauungskraft
Und würzet die Getränke.

An Georg Herwegh

Herwegh, du eiserne Lerche,
Mit klirrendem Jubel steigst du empor
Zum heiligen Sonnenlichte!
Ward wirklich der Winter zunichte?
Steht wirklich Deutschland im Frühlingsflor?

Herwegh, du eiserne Lerche,
Weil du so himmelhoch dich schwingst,
Hast du die Erde aus dem Gesichte
Verloren – Nur in deinem Gedichte
Lebt jener Lenz, den du besingst.

Wartet nur

Weil ich so ganz vorzüglich blitze,
Glaubt ihr, daß ich nicht donnern könnt!
Ihr irrt euch sehr, denn ich besitze
Gleichfalls fürs Donnern ein Talent.

Es wird sich grausenhaft bewähren,
Wenn einst erscheint der rechte Tag;
Dann sollt ihr meine Stimme hören,
Das Donnerwort, den Wetterschlag.

Gar manche Eiche wird zersplittern
An jenem Tag der wilde Sturm,
Gar mancher Palast wird erzittern
Und stürzen mancher Kirchenturm!

Vermittlung

Du bist begeistert, du hast Mut –
Auch das ist gut!
Doch kann man mit Begeistrungsschätzen
Nicht die Besonnenheit ersetzen.

Der Feind, ich weiß es, kämpfet nicht
Für Recht und Licht –
Doch hat er Flinten und nicht minder
Kanonen, viele Hundertpfünder.

Nimm ruhig dein Gewehr zur Hand –
Den Hahn gespannt –
Und ziele gut – wenn Leute fallen,
Mag auch dein Herz vor Freude knallen.

Die schlesischen Weber

Im düstern Auge keine Träne,
Sie sitzen am Webstuhl und fletschen die Zähne:
„Deutschland, wir weben dein Leichentuch,
Wir weben hinein den dreifachen Fluch –
Wir weben, wir weben!

Ein Fluch dem Gotte, zu dem wir gebeten
In Winterskälte und Hungersnöten;
Wir haben vergebens gehofft und geharrt,
Er hat uns geäfft und gefoppt und genarrt –
Wir weben, wir weben!

Ein Fluch dem König, dem König der Reichen,
Den unser Elend nicht konnte erweichen,
Der den letzten Groschen von uns erpreßt
Und uns wie Hunde erschießen läßt –
Wir weben, wir weben!

Ein Fluch dem falschen Vaterlande,
Wo nur gedeihen Schmach und Schande,
Wo jede Blume früh geknickt,
Wo Fäulnis und Moder den Wurm erquickt –
Wir weben, wir weben!

Das Schiffchen fliegt, der Webstuhl kracht,
Wir weben emsig Tag und Nacht –
Altdeutschland, wir weben dein Leichentuch,
Wir weben hinein den dreifachen Fluch,
Wir weben, wir weben!“

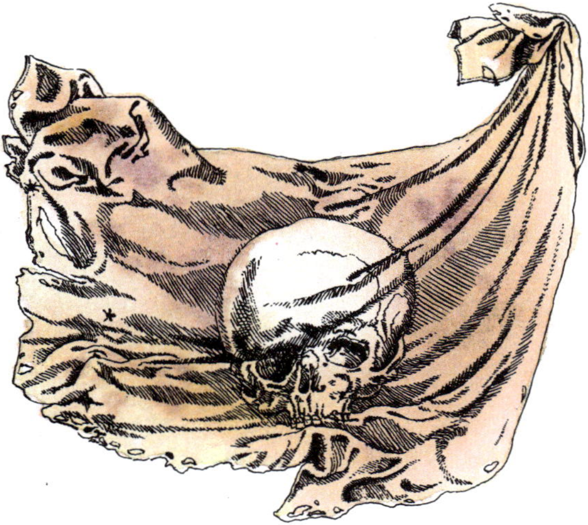

Gaben mir Rat und gute Lehren,
Überschütteten mich mit Ehren,
Sagten, daß ich nur warten sollt,
Haben mich protegieren gewollt.

Aber bei all ihrem Protegieren,
Hätte ich können vor Hunger krepieren,
Wär nicht gekommen ein braver Mann,
Wacker nahm er sich meiner an.

Braver Mann! Er schafft mir zu essen!
Will es ihm nie und nimmer vergessen!
Schade, daß ich ihn nicht küssen kann!
Denn ich bin selbst dieser brave Mann.

Hymnus

Ich bin das Schwert, ich bin die Flamme.

Ich habe euch erleuchtet in der Dunkelheit, und als die Schlacht begann, focht ich voran, in der ersten Reihe.

Rund um mich her liegen die Leichen meiner Freunde, aber wir haben gesiegt. Wir haben gesiegt, aber rundumher liegen die Leichen meiner Freunde. In die jauchzenden Triumphgesänge tönen die Choräle der Totenfeier. Wir haben aber weder Zeit zur Freude noch zur Trauer. Aufs neue erklingen die Trommeten, es gilt neuen Kampf –

Ich bin das Schwert, ich bin die Flamme.

Nachtgedanken

Denk ich an Deutschland in der Nacht,
Dann bin ich um den Schlaf gebracht,
Ich kann nicht mehr die Augen schließen,
Und meine heißen Tränen fließen.

Die Jahre kommen und vergehn!
Seit ich die Mutter nicht gesehn,
Zwölf Jahre sind schon hingegangen;
Es wächst mein Sehnen und Verlangen.

Mein Sehnen und Verlangen wächst.
Die alte Frau hat mich behext,
Ich denke immer an die alte,
Die alte Frau, die Gott erhalte!

Die alte Frau hat mich so lieb,
Und in den Briefen, die sie schrieb,
Seh ich, wie ihre Hand gezittert,
Wie tief das Mutterherz erschüttert.

Die Mutter liegt mir stets im Sinn.
Zwölf lange Jahre flossen hin,
Zwölf lange Jahre sind verflossen,
Seit ich sie nicht ans Herz geschlossen.

Deutschland hat ewigen Bestand,
Es ist ein kerngesundes Land;
Mit seinen Eichen, seinen Linden,
Werd ich es immer wiederfinden.

Nach Deutschland lechzt ich nicht so sehr,
Wenn nicht die Mutter dorten wär;
Das Vaterland wird nie verderben,
Jedoch die alte Frau kann sterben.

Seit ich das Land verlassen hab,
So viele sanken dort ins Grab,
Die ich geliebt – wenn ich sie zähle,
So will verbluten meine Seele.

Und zählen muß ich – mit der Zahl
Schwillt immer höher meine Qual,
Mir ist, als wälzten sich die Leichen
Auf meine Brust – Gottlob! sie weichen!

Gottlob! durch meine Fenster bricht
Französisch heitres Tageslicht;
Es kommt mein Weib, schön wie der Morgen,
Und lächelt fort die deutschen Sorgen.

Laß mich mit glühnden Zangen kneipen,
Laß grausam schinden mein Gesicht,
Laß mich mit Ruten peitschen, stäupen –
Nur warten, warten laß mich nicht!

Laß mit Torturen aller Arten
Verrenken, brechen mein Gebein,
Doch laß mich nicht vergebens warten,
Denn warten ist die schlimmste Pein!

Den ganzen Nachmittag bis sechse
Hab gestern ich umsonst geharrt –
Umsonst; du kamst nicht, kleine Hexe,
So daß ich fast wahnsinnig ward.

Die Ungeduld hielt mich umringelt
Wie Schlangen; – jeden Augenblick
Fuhr ich empor, wenn man geklingelt,
Doch kamst du nicht – ich sank zurück!

Du kamest nicht – ich rase, schnaube,
Und Satanas raunt mir ins Ohr:
„Die Lotosblume, wie ich glaube,
Mokiert sich deiner, alter Tor!"

Wenn ich an deinem Hause
Des Morgens vorübergeh,
So freut's mich, du liebe Kleine,
Wenn ich dich am Fenster seh.

Mit deinen schwarzbraunen Augen
Siehst du mich forschend an:
„Wer bist du, und was fehlt dir,
Du fremder, kranker Mann?"

„Ich bin ein deutscher Dichter,
Bekannt im deutschen Land;
Nennt man die besten Namen,
So wird auch der meine genannt.

Und was mir fehlt, du Kleine,
Fehlt manchem im deutschen Land;
Nennt man die schlimmsten Schmerzen,
So wird auch der meine genannt."

Deutschland

Ein Wintermärchen · Caput I

Im traurigen Monat November war's,
Die Tage wurden trüber,
Der Wind riß von den Bäumen das Laub,
Da reist ich nach Deutschland hinüber.

Und als ich an die Grenze kam,
Da fühlt ich ein stärkeres Klopfen
In meiner Brust, ich glaube sogar
Die Augen begunnen zu tropfen.

Und als ich die deutsche Sprache vernahm,
Da ward mir seltsam zumute;
Ich meinte nicht anders, als ob das Herz
Recht angenehm verblute.

Ein kleines Harfenmädchen sang.
Sie sang mit wahrem Gefühle
Und falscher Stimme, doch ward ich sehr
Gerühret von ihrem Spiele.

Sie sang von Liebe und Liebesgram,
Aufopfrung und Wiederfinden

Dort oben, in jener besseren Welt,
Wo alle Leiden schwinden.

Sie sang vom irdischen Jammertal,
Von Freuden, die bald zerronnen,
Vom Jenseits, wo die Seele schwelgt
Verklärt in ew'gen Wonnen.

Sie sang das alte Entsagungslied,
Das Eiapopeia vom Himmel,
Womit man einlullt, wenn es greint,
Das Volk, den großen Lümmel.

Ich kenne die Weise, ich kenne den Text,
Ich kenn auch die Herren Verfasser;
Ich weiß, sie tranken heimlich Wein
Und predigten öffentlich Wasser.

Ein neues Lied, ein besseres Lied,
O Freunde, will ich euch dichten!
Wir wollen hier auf Erden schon
Das Himmelreich errichten.

Wir wollen auf Erden glücklich sein
Und wollen nicht mehr darben;
Verschlemmen soll nicht der faule Bauch,
Was fleißige Hände erwarben.

Es wächst hienieden Brot genug
Für alle Menschenkinder,
Auch Rosen und Myrten, Schönheit und Lust,
Und Zuckererbsen nicht minder.

Ja, Zuckererbsen für jedermann,
Sobald die Schoten platzen!
Den Himmel überlassen wir
Den Engeln und den Spatzen.

Und wachsen uns Flügel nach dem Tod,
So wollen wir euch besuchen
Dort oben, und wir, wir essen mit euch
Die seligsten Torten und Kuchen.

Ein neues Lied, ein besseres Lied!
Es klingt wie Flöten und Geigen!
Das Miserere ist vorbei,
Die Sterbeglocken schweigen.

Die Jungfer Europa ist verlobt
Mit dem schönen Geniusse
Der Freiheit, sie liegen einander im Arm,
Sie schwelgen im ersten Kusse.

Und fehlt der Pfaffensegen dabei,
Die Ehe wird gültig nicht minder –

Es lebe Bräutigam und Braut
Und ihre zukünftigen Kinder!

Ein Hochzeitkarmen ist mein Lied,
Das bessere, das neue!
In meiner Seele gehen auf
Die Sterne der höchsten Weihe –

Begeisterte Sterne, sie lodern wild,
Zerfließen in Flammenbächen –
Ich fühle mich wunderbar erstarkt,
Ich könnte Eichen zerbrechen!

Seit ich auf deutsche Erde trat,
Durchströmen mich Zaubersäfte –
Der Riese hat wieder die Mutter berührt,
Und es wuchsen ihm neu die Kräfte.

Enfant perdu

Verlorner Posten in dem Freiheitskriege,
Hielt ich seit dreißig Jahren treulich aus.
Ich kämpfe ohne Hoffnung, daß ich siege,
Ich wußte, nie komm ich gesund nach Haus.

Ich wachte Tag und Nacht – Ich konnt nicht schlafen,
Wie in dem Lagerzelt der Freunde Schar –
(Auch hielt das laute Schnarchen dieser Braven
Mich wach, wenn ich ein bißchen schlummrig war).

In jenen Nächten hat Langweil ergriffen
Mich oft, auch Furcht – (nur Narren fürchten nichts) –
Sie zu verscheuchen, hab ich dann gepfiffen
Die frechen Reime eines Spottgedichts.

Ja, wachsam stand ich, das Gewehr im Arme,
Und nahte irgendein verdächt'ger Gauch,
So schoß ich gut und jagt ihm eine warme,
Brühwarme Kugel in den schnöden Bauch.

Mitunter freilich mocht es sich ereignen,
Daß solch ein schlechter Gauch gleichfalls sehr gut
Zu schießen wußte – ach, ich kann's nicht leugnen –
Die Wunden klaffen – es verströmt mein Blut.

Ein Posten ist vakant! – Die Wunden klaffen –
Der eine fällt, die andern rücken nach –
Doch fall ich unbesiegt, und meine Waffen
Sind nicht gebrochen – nur mein Herze brach.

Testament

Ich mache jetzt mein Testament,
Es geht nun bald mit mir zu End.
Nur wundre ich mich, daß nicht schon längstens
Mein Herz gebrochen vor Gram und Ängsten.

Du aller Frauen Huld und Zier,
Luise, ich vermache dir
Zwölf alte Hemde und hundert Flöhe
Und dreimalhunderttausend Flüche.

Dem guten Freund, der mit gutem Rat
Mir immer riet und nie was tat,
Jetzt, als Vermächtnis, rat ich ihm selber:
Nimm eine Kuh und zeuge Kälber.

Wem geb ich meine Religion,
Den Glauben an Vater, Geist und Sohn?
Der Kaiser von China, der Rabbi von Posen,
Sie sollen beide darum losen.

Den deutschen Freiheits- und Gleichheitstraum,
Die Seifenblasen vom besten Schaum,
Vermach ich dem Zensor der Stadt Krähwinkel;
Nahrhafter freilich ist Pumpernickel.

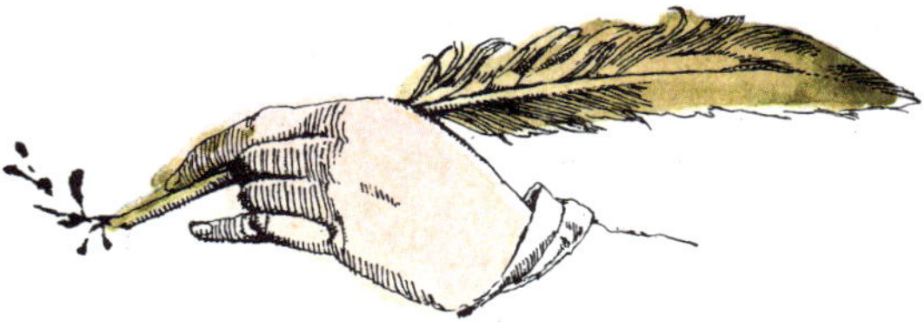

Die Taten, die ich noch nicht getan,
Den ganzen Vaterlandsrettungsplan,
Nebst einem Rezept gegen Katzenjammer,
Vermach ich den Helden der badischen Kammer.

Und eine Schlafmütz, weiß wie Kreid,
Vermach ich dem Vetter, der zur Zeit
Für die Heidschnuckenrechte so kühn geredet;
Jetzt schweigt er wie ein echter Römer.

Und ich vermache dem Sittenwart
Und Glaubensvogt zu Stuttegard
Ein Paar Pistolen (doch nicht geladen),
Kann seiner Frau damit Furcht einjagen.

Ein treues Abbild von meinem Steiß
Vermach ich der schwäbischen Schule; ich weiß,
Ihr wolltet mein Gesicht nicht haben,
Nun könnt ihr am Gegenteil euch laben.

Zwölf Krüge Seidlitzer Wasser vermach
Ich dem edlen Dichtergemüt, das, ach!
Seit Jahren leidet an Sangesverstopfung;
Ihn tröstete Liebe, Glaube und Hoffnung.

Und dieses ist ein Kodizill:
Für den Fall, daß keiner annehmen will
Die erwähnten Legate, so sollen sie alle
Der römisch-katholischen Kirche verfallen.

Mein Tag war heiter, glücklich meine Nacht.
Mir jauchzte stets mein Volk, wenn ich die Leier
Der Dichtkunst schlug. Mein Lied war Lust und Feuer,
Hat manche schöne Gluten angefacht.

Noch blüht mein Sommer, dennoch eingebracht
Hab ich die Ernte schon in meine Scheuer –
Und jetzt soll ich verlassen, was so teuer,
So lieb und teuer mir die Welt gemacht!

Der Hand entsinkt das Saitenspiel. In Scherben
Zerbricht das Glas, das ich so fröhlich eben
An meine übermüt'gen Lippen preßte.

O Gott, wie häßlich bitter ist das Sterben!
O Gott, wie süß und traulich läßt sich leben
In diesem traulich süßen Erdenneste!

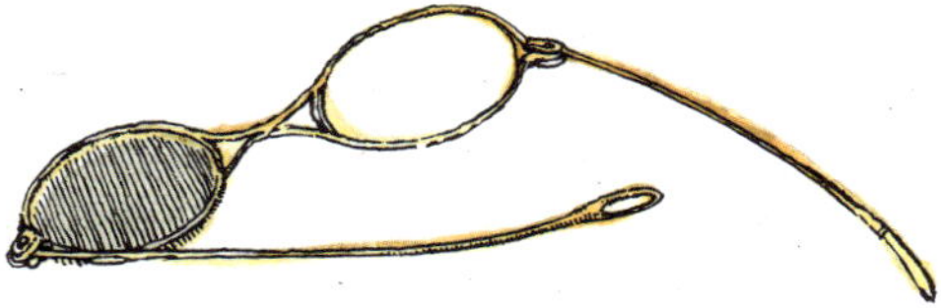

Inhalt